全国职业院校汽车类专业工作手册式新形态教材

附微课视频

汽车转向行驶制动系统拆装与修理

中德诺浩（北京）教育科技股份有限公司 / 组编

吕丕华 / 主编

大连理工大学出版社

内容简介

本书是全国职业院校汽车类专业工作手册式新形态教材。全书分为十六个任务，包括转向系统常规检查、转向助力泵更换、控制臂更换、前悬架总成检查与更换、轮胎修补、四轮定位及调整、钳盘式制动器检查与更换、鼓式制动器检查与更换、制动总泵更换及常规制动排气、驻车制动拉线更换与调整等内容。

本书可作为全国职业院校汽车类专业的教学用书，也可作为汽车售后服务企业相关技术人员与社会人士的培训参考用书。

本套教材由吕丕华主编，本书由许智达负责编写。

图书在版编目（CIP）数据

汽车转向行驶制动系统拆装与修理 / 中德诺浩（北京）教育科技股份有限公司组编. -- 大连 ：大连理工大学出版社，2024.9. -- ISBN 978-7-5685-5047-5

Ⅰ. U472.41

中国国家版本馆 CIP 数据核字第 2024ZA8732 号

大连理工大学出版社出版

地址：大连市软件园路 80 号　　邮政编码：116023
发行：0411-84708842　邮购：0411-84708943　传真：0411-84701466
E-mail：dutp@dutp.cn　　　　　URL：https://www.dutp.cn
大连天骄彩色印刷有限公司印刷　　　　大连理工大学出版社发行

幅面尺寸: 210mm×285mm		印张: 8.75	字数: 245 千字
2024 年 9 月第 1 版		2024 年 9 月第 1 次印刷	

责任编辑：唐　爽　　　　　　　　　　　　责任校对：吴媛媛
封面设计：张　莹

ISBN 978-7-5685-5047-5　　　　　　　　　　　　定　价：38.80 元

本书如有印装质量问题，请与我社发行部联系更换。

当前，我国处于由制造大国向制造强国、由人力资源大国向人力资源强国发展的重要时期，党和国家为此制定了一系列科教兴国、人才强国的战略措施。

在人才队伍中，工作在生产一线的技能型人才是重要基础。高素质技能型人才队伍是推动经济社会发展的重要保障，职业教育是培养高素质技能型人才的主要渠道。尽管世界各国国情不同，发展职业教育的条件、政策和具体措施各异，但无论是发达国家还是新兴工业化国家，都非常重视职业教育在培养高素质技能型人才中发挥的重要作用，把发展职业教育作为人力资源开发、振兴经济、增强国力的战略选择。

德国的职业教育水平处于世界领先地位。德国经济在世界金融危机中能依然稳健发展，与其因职业教育发达而拥有大量的高素质技能型人才是分不开的。完备的法律制度和各方面的高度重视，为德国的职业教育发展提供了有力保障。德国的双元制职业教育制度将劳动人事制度与教育制度有机地结合在一起。学校和企业都是培养人才的主体，并承担相应责任，学校和企业的教学计划、形式和内容虽各有侧重，但又相互联系，且均以工作任务为教学载体，将技能学习和训练、理论学习和运用有机结合，充分发挥学生在教学中的主体作用，着力培养学生承担社会责任的能力、独立发现和解决问题的能力，以及在实践中自主学习的能力。

改革开放以来，我国在借鉴国外先进职业教育经验方面取得了可喜成就。我国职业教育的对外交流与合作就是从借鉴和学习德国经验开始的，中德诺浩（北京）教育科技股份有限公司为此做了积极而有效的探索。

　　长期以来，该公司致力于引进德国的汽车职业教育资源，与德国手工业协会合作，在国内与以德国品牌为主的汽车合资企业和各类职业院校共同开展教育工作。经过多年的探索，结合我国国情，该公司成功引进德国汽车类专业职业教育的课程体系、教学素材和教学方法，并利用互联网手段进行了全方位本土化，在此基础上与 300 多所职业院校联手，为我国汽车维修企业培养了大批优秀人才。与此同时，该公司组织中德两国的汽车技术专家、经验丰富的维修技师和职业教育专家，共同编写了全国职业院校汽车类专业工作手册式新形态教材。这套教材以培养高技能人才为目标，内容选自实际操作，既原汁原味地吸纳了德国经验，又结合我国实际情况充实了教学内容，旨在推动我国汽车维修技能型人才的培养与世界接轨。我期待这套教材能在我国培养国际标准汽车高技能人才方面发挥重要作用，在中国由汽车大国向汽车强国迈进的征程中做出应有的贡献。

唐天标

（本序作者系第十一届全国人大常委会委员、第十一届全国人大教科文卫委员会副主任委员，中国人民解放军总政治部原副主任，上将军衔）

前 言

职业教育是国民教育体系和人力资源开发的重要组成部分，肩负着培养多样化人才、传承技术技能、促进就业创业的重要职责。随着新型工业化的推进和科学技术的发展，现代职业教育体系已成为国家竞争力的重要支撑。为贯彻落实全国职业教育大会精神，推动现代职业教育高质量发展，加快构建现代职业教育体系，建设技能型社会，弘扬工匠精神，培养更多高素质技术技能人才，满足我国汽车产业迅猛发展对高端技术技能型汽车人才的需求，编者在总结多年来将德国汽车类专业职业教育中国本土化经验的基础上，编写了这套全国职业院校汽车类专业工作手册式新形态教材。

本套教材将理论基础和实践应用有机结合，在引领学生学习汽车专业知识的同时培养学生的实际操作技能，具有以下特点：

（1）以企业一线任务为引导，将理论知识与实践技能完美结合。

（2）教学任务有序化设计，从简单到复杂，循序渐进，不断深化。

（3）采用四色印刷，版面简洁清晰、主题明确、色彩清新。

（4）配有丰富的数字化教学资源，学生可通过扫描每个任务专属的二维码进行浏览和自学。

本套教材的编写充分发挥了学生的主体地位，优化了课堂设计，便于调动学生的学习积极性和主动性，还可培养学生的创新意识和创新能力。

　　本套教材是职业院校汽车类专业核心课程教材，也可供从事汽车研究、设计、制造、使用和维修的工程技术人员学习和参考。

　　尽管我们在探索教材特色方面做出了许多努力，但教材中仍可能存在一些不足，恳请广大读者批评指正，并将意见和建议反馈给我们，以便修订时改进。

编　者

目录

转向系统常规检查任务工单			
客户信息	姓名		电话
车辆信息	车型	VIN	行驶里程

客户描述

转向系统工作不良 ☐　　制动系统工作不良 ☐　　行驶系统工作不良 ☐

颠簸路面舒适性差 ☐　　底盘事故 ☐　　轮胎无气压 ☐

行驶跑偏 ☐　　制动液异常 ☐　　制动力不足 ☐

制动踏板沉重 ☐　　坡路溜车 ☐　　轮胎倾角不正常 ☐

其他：

_____

_____

车辆外观检查		车辆内部检查	
凹凸 ☐		污渍 ☐	
划痕 ☐		破损 ☐	
石击 ☐		色斑 ☐	
油漆 ☐		变形 ☐	

明确具体工作任务

_____

_____

保养手册		
保养项目	保养类型	
	7 500 km 首次保养　　一年或每 15 000 km 定期保养　　两年或每 30 000 km定期保养	
检查转向助力机构液压油油位	●　　　　　　　　　●　　　　　　　　　●	
检查转向拉杆和球头的间隙、紧固程度及防尘套状况	●　　　　　　　　　●　　　　　　　　　●	
检查转向系统操作性能	●　　　　　　　　　●　　　　　　　　　●	

● 能够独立规范地完成转向系统常规检查
● 掌握不同品牌、年款车辆的保养规范
● 能够解答客户关于车辆保养方面的疑问

● 转向系统的作用及分类
● 转向系统的检查方法

● 转向系统常规检查项目
● 安全操作注意事项

● 转向系统常规检查的内容和方法

一、知识讲解

1. 转向系统的作用及分类

转向系统的组成如图 1-1 所示。

转向系统的作用就是按照驾驶员的意愿来控制车辆的行驶方向。

转向系统分为机械转向系统和动力转向系统两大类。机械转向系统完全依赖驾驶员的手动操控，而动力转向系统则借助其他动力来辅助驾驶员操控，也称为转向助力系统。动力转向系统进一步细分为液压转向助力系统和电动转向助力系统。

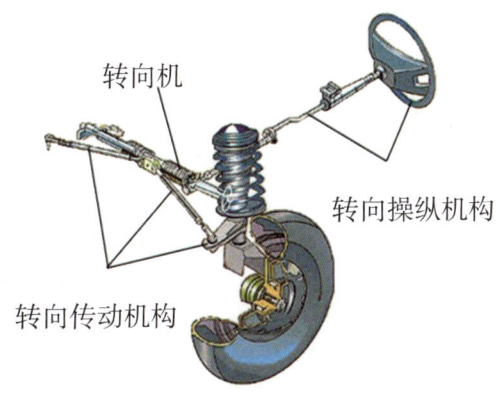

图 1-1 转向系统的组成

转向操纵机构由转向盘、转向轴、转向管柱、转向节及转向传动轴等组成。它可以将驾驶员转动转向盘的操纵力传给转向机，如图 1-2 所示。

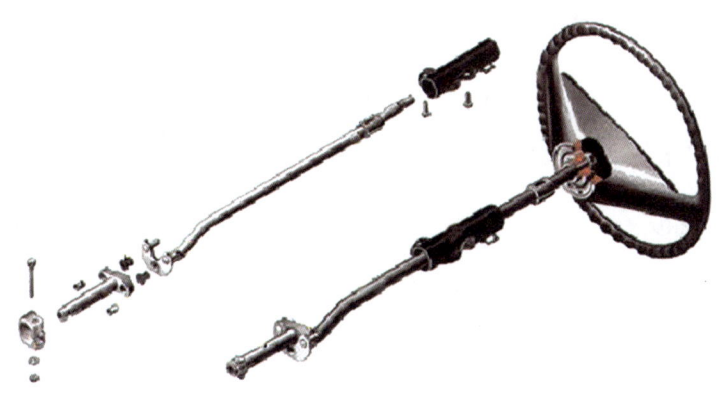

图 1-2 转向操纵机构

转向机也称为转向器，是一种通过一组齿轮机构实现由旋转运动转化为直线运动（或近似直线运动）的装置。通过转向机可以增大转向盘传到转向轮上的转向力矩，并改变力的传递方向。转向机的种类很多，常见的种类包括循环球式、齿轮齿条式、蜗杆曲柄指销式等，如图 1-3 所示。

(a) 循环球式

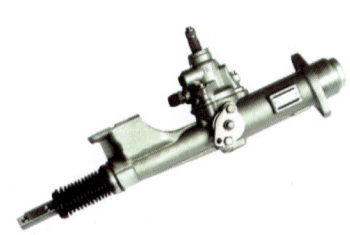
(b) 齿轮齿条式

(c) 蜗杆曲柄指销式

图 1-3 转向机的分类

转向传动机构是从转向机到转向节之间的一系列杆件，其作用是将转向机输出的力传递给转向车轮，使之偏转，从而实现车辆的转向，如图1-4所示。

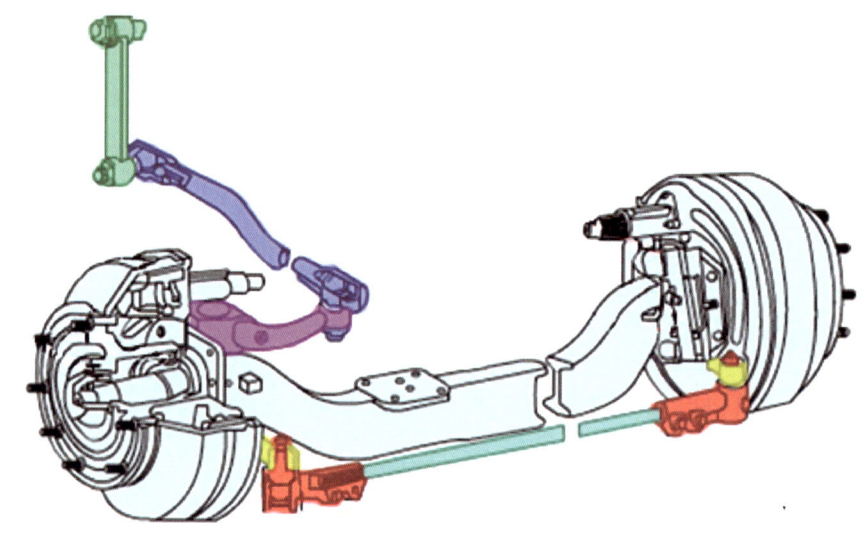

图1-4　转向传动机构

转向系统的运作由转向操纵机构、转向机、转向传动机构共同协调完成，这三者无论其中哪一部分出现故障，都会影响汽车转向性能，进而降低车辆的安全性，因此转向系统常规检查项目必须完全覆盖所有组成部分。以下以液压转向助力系统为例，详细介绍其检查方法，液压转向助力系统因其结构简单、生产成本低，被广泛应用于大多数中低档汽车。

2.转向系统的检查方法

转向系统的检查分为静态检查和动态检查。

静态检查主要包括检查转向助力油液位、转向助力油液管路、转向助力泵传动带、球头、转向拉杆外观及防尘套。另外，还要检查传动系统各连接螺栓和驱动轮固定螺栓的拧紧力矩。

动态检查主要包括检查转动转向盘时有无异响，转向传动机构运转是否自如、有无卡滞或摩擦的情况；左右晃动车轮，观察转向拉杆、球头是否松旷；路试车辆，检查转向系统的工作性能。

（1）静态检查

①检查转向助力油液位是否位于储液壶或储液壶盖上的刻度"MAX"与"MIN"之间，超出或缺少都需要进行调整，如图1-5所示。

图1-5 转向助力油液位

将油液与新的转向助力油进行对比，如发现油液变稀、变稠或颜色变黑，说明油液已经变质需要更换。一般汽车厂家并不严格规定转向助力油的更换周期。大多数汽车保养维修企业会参考行业标准以及汽车公司的保养要求，并结合当地道路状况、空气质量和使用人员的操作习惯等因素制定相应的规定。

为防止转向助力油过脏或变质，一般建议每2年或每30 000 km更换一次转向助力油。

②检查转向机、转向助力油管接口是否存在渗漏现象，如图1-6所示。如有渗漏现象，则更换转向机或转向助力油管。观察转向机防尘套的状况，如有损坏应立即更换。

图1-6 转向机、转向助力油管接口

③检查转向拉杆是否弯曲变形，如有则更换；检查球头是否松旷，球头油封是否破损，如有则更换，如图1-7所示；检查各连接螺栓紧固力矩是否符合要求，如不符合要求，应按规定紧固力矩。

（2）动态检查

举升车辆，来回转动转向盘观察防尘套（图1-8）、转向传动机构有无卡滞、摩擦的

情况；左右晃动车轮，观察球头有无松旷，如有应进行更换。

图 1-7　转向拉杆和球头

图 1-8　防尘套

（3）转向助力泵（图 1-9）传动带的检查

① 检查转向助力泵传动带是否有裂纹、老化的现象，如有应进行更换。

② 检查转向助力泵传动带张紧度。

图 1-9　转向助力泵

　　方法一：运转发动机使油液上升到正常工作温度，左右转动转向盘至极限位置，此时传动带的负荷最大，如果传动带发出异响，说明传动带张紧度不足；如果传动带打滑，应进行紧固处理。

　　方法二：关闭发动机，尝试用手掰动传动带中间位置，正常应可掰动至90°。如可掰动角度小于90°，说明传动带张紧度过高，如大于90°，说明张紧度不足。这两种情况都需要调整带轮的位置，直到传动带张紧度合适为止。

二、任务准备

勾选出完成本任务所需的工具、设备、资料等。

 扭力扳手	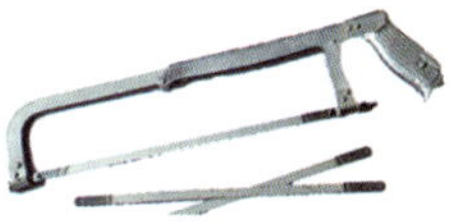 锯弓	 三件套	 吹尘枪
 齿轮油加注机	 工具车	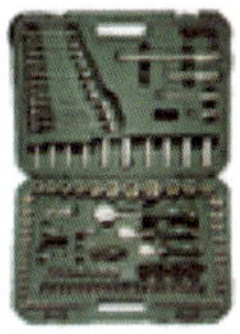 工具套件	 油液回收工具
 带磁力表座的百分表	 抹布	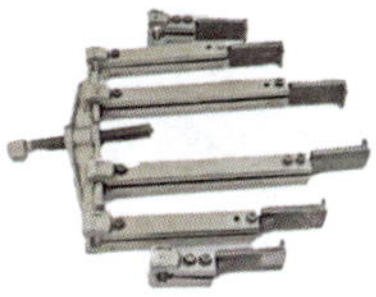 拉力器	 手电筒
 举升机	 转向助力油	 维修手册	 传动带	 实训整车

三、防护措施

（1）进入车间应穿工鞋、戴工帽；工作服应整洁，无破损；操作时不可佩戴手表等金属饰品，以防划伤车辆表面，工作时应佩戴手套。

（2）举升车辆时应严格按照举升机使用方法进行操作，并通知其他人员远离举升设备。

（3）更换油液或配件时，应做好油液和配件的回收清理工作，以免对工作环境造成污染。

观察下列车间操作图片，勾选出操作正确的图片。

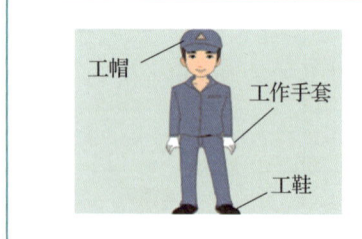	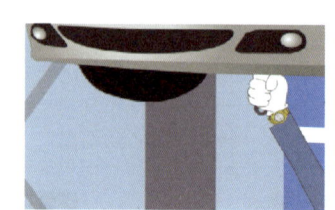	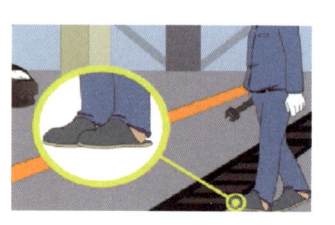

四、任务分配（表1-1）

表1-1　　　　　　　　　　　任务分配表

职务	代码	姓名	工作内容
组长	A		监督、管理组员工作
组员	B		准备实训所需车辆及零配件
	C		
	D		准备实训所需工具及维修手册
	E		

五、任务实施

（一）操作流程

补齐表1-2并按工作步骤完成任务。

表 1-2 操作流程

工作步骤	项目	工作内容
1	准备工作	将车辆驶入举升机工位中心位置，拉紧驻车制动器，并将变速器置于空挡位置
		铺好转向盘套、座套、脚垫，打开发动机舱盖，铺好翼子板布
		将举升机支车臂对正支车点，操纵举升机使支车点与车身稳定接触
		打开发动机舱盖，用吹尘枪简单清洁发动机舱
2	检查油液	检查转向助力油液位是否正常、油管有无渗漏
3	举升车辆	操纵举升机举升车辆至合适高度，同时观察车身是否存在倾斜，如倾斜立即停止举升，并降下车辆检查
		待举升车辆至合适高度后，锁止举升机保险，举升过程中车下严禁站人
4		检查转向拉杆是否变形，如有则更换；球头是否松旷，球头油封是否破损，如有则更换
		使用 22 mm 呆扳手紧固转向杆螺栓至（　　　　）
		使用 19 mm 套管紧固外球头螺栓至（　　　　）
		使用 15 mm 套管紧固转向机固定螺栓至（　　　　）
5	动态检查	来回转动转向盘，观察防尘套、转向传动机构有无卡滞、摩擦的情况
		左右晃动车轮，观察球头有无松旷
6	检查传动带	
		检查转向助力泵传动带张紧度是否正常，如不正常进行调整
7	整理	将车辆降至地面，下降时车下严禁站人
		撤去举升臂、三件套及翼子板布
		整理工具，打扫现场卫生

（二）实施记录

结合实施过程，对照表1-3所列检查项目进行检查，并勾选实际检查结果。

表1-3　　　　　　　　　　　　　实施记录

序号	检查项目	检查结果			备注
1	转向助力油液位	正常 □	异常 □		
2	油管是否渗漏	是 □	否 □		
3	转向拉杆是否变形	是 □	否 □		
4	球头是否松旷	是 □	否 □		
5	转向系统紧固螺栓	正常 □	松动 □	损坏 □	
6	转向系统是否有异响	是 □	否 □		
7	转向助力泵传动带	正常 □	老化 □	打滑 □	

六、检　查

（一）自　检

结合本组任务操作过程，对任务执行过程中的操作规范性进行检查，检查操作过程中是否存在以下问题，在表1-4中勾选检查结果。分析讨论应如何避免，并总结规范的操作方法。

表1-4　　　　　　　　　　　　　自　检

检查项目	检查结果	
车辆停放位置是否合适，是否将变速器置于空挡并拉紧驻车制动器	是 □	否 □
是否使用三件套对车辆进行防护	是 □	否 □
使用举升机操作是否规范，是否注意人身安全	是 □	否 □
转向系统检测项目是否有漏项	是 □	否 □
转向系统固定螺栓力矩是否符合要求	是 □	否 □
转向助力油是否变质	是 □	否 □
工作场地是否清洁，车辆是否复位	是 □	否 □

（二）互　检

组与组之间相互进行任务操作过程及结果检查，在表1-5中勾选检查结果。

表 1-5　　　　　　　　　　　互　检

检查项目	检查结果	
车辆停放位置是否合适，是否将变速器置于空挡并拉紧驻车制动器	是 ☐	否 ☐
是否使用三件套对车辆进行防护	是 ☐	否 ☐
使用举升机操作是否规范，是否注意人身安全	是 ☐	否 ☐
转向系统检查项目是否有漏项	是 ☐	否 ☐
转向系统固定螺栓力矩是否符合要求	是 ☐	否 ☐
转向助力油是否变质	是 ☐	否 ☐
工作场地是否清洁，车辆是否复位	是 ☐	否 ☐

七、课堂小结

_____

_____

_____

_____

_____

微课动画

实操视频

转向助力泵更换任务工单				
客户信息	姓名		电话	
车辆信息	车型	VIN		行驶里程
客户描述	转向系统工作不良 □ 制动系统工作不良 □ 行驶系统工作不良 □ 颠簸路面舒适性差 □ 底盘事故 □ 轮胎无气压 □ 行驶跑偏 □ 制动液异常 □ 制动力不足 □ 制动踏板沉重 □ 坡路溜车 □ 轮胎倾角不正常 □ 其他： _____ _____			

车辆外观检查		车辆内部检查	
凹凸 □		污渍 □	
划痕 □		破损 □	
石击 □		色斑 □	
油漆 □		变形 □	
明确具体工作任务	_____ _____		

 任务目标
- 能够独立、规范地完成转向助力泵的更换
- 掌握不同品牌、年款车辆的转向助力泵的更换要点
- 能够解答客户关于转向助力泵更换方面的疑问

 任务内容
- 转向助力泵的作用及更换原因
- 转向助力泵的拆卸与安装
- 转向助力油的更换步骤

 任务重点
- 转向助力泵的拆装步骤
- 转向助力油的更换步骤

任务难点
- 转向助力系统的排气

一、知识讲解

（一）转向助力泵的作用及更换原因

1. 作用

转向助力泵可以协助驾驶员调整汽车方向，减轻驾驶员转动转向盘所需的力度。转向助力泵将发动机的机械能转换为液压能，然后液压能输送到转向机中的液压缸实现转向加力。

2. 更换原因

转向助力泵（图2-1）是转向助力系统的核心元件。如转向助力泵损坏，会出现转向沉重或转向无助力等现象。转向助力泵损坏大多数是由于内部元件磨损引起的，这时就需要对转向助力泵进行更换。更换完成后，还应更换转向助力油。

图2-1 转向助力泵

（二）转向助力泵的拆卸与安装

1.拆卸

（1）松开并拆下高、低压油管。

（2）清空油壶里的油液。

（3）拆卸转向助力泵的固定螺栓。

2.安装

（1）安装并固定转向助力泵。

（2）安装高、低压油管。

（3）向油壶内添加转向助力油并进行排气。

涉及转向助力泵的拆卸与安装的组件如图2-2所示。

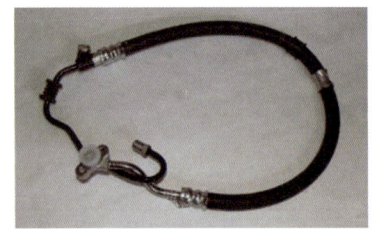

（a）油管　　　　　　　　（b）油壶　　　　　　（c）转向助力泵固定螺栓

图2-2　转向助力泵的拆卸与安装

（三）转向助力油的更换步骤

转向助力油是加注在转向助力系统内的一种介质油，通过液压作用可以使转向盘变得非常轻巧，起到传递转向力和减缓冲击的作用。

（1）启动发动机，并左右转动转向盘到极限位置数次，然后回正转向盘，观察转向助力油液面位置是否正常，如图2-3（a）所示。

（2）将汽车举升至轮胎离开地面，并保持车身水平，在发动机停止运转情况下转动转向盘数次，直到系统中气体全部排出，如图2-3（b）所示。

（3）向转向助力油壶内加入新的转向助力油，直到液面达到油壶最高标记为止，如图2-3（c）所示。

（a）启动发动机　　　　　（b）举升汽车　　　　（c）倒入新的转向助力油

图2-3　转向助力油更换步骤

二、任务准备

勾选出完成本任务所需的工具、设备、资料等。

 扭力扳手	 锯弓	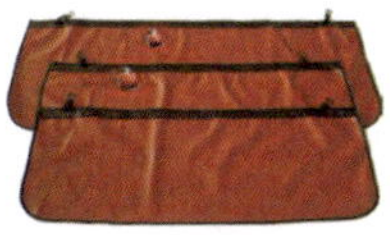 三件套	 吹尘枪
 齿轮油加柱机	 工具车	 工具套件	 接油盆
 带磁力表座的百分表	 抹布	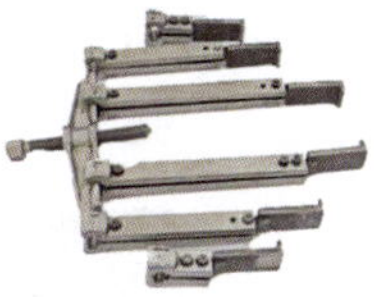 拉力器	 手电筒
 零件车	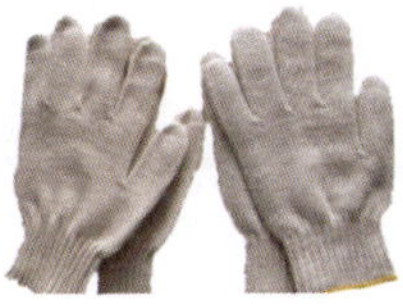 手套	 万用表	
 举升机	 实训整车	 维修手册	

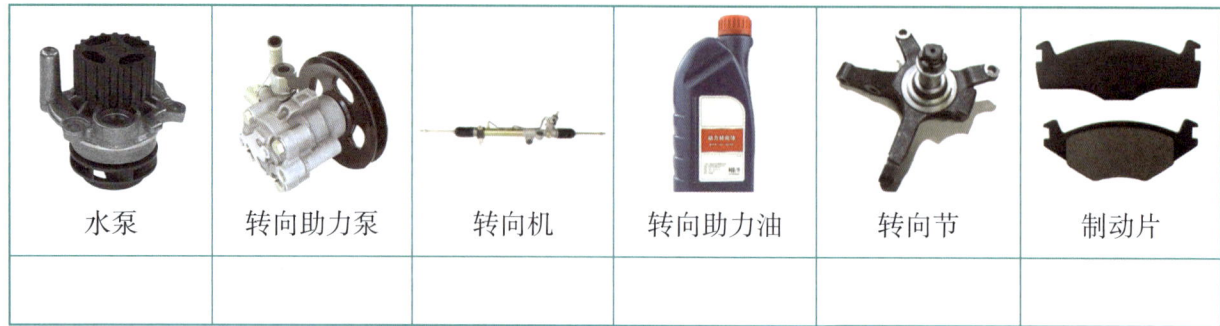

水泵	转向助力泵	转向机	转向助力油	转向节	制动片

三、防护措施

（1）进入车间应穿工鞋、戴工帽；工作服应整洁，无破损；操作时不可佩戴手表等金属饰品，以防划伤车辆表面，工作时应佩戴手套。

（2）举升车辆时，应严格按照举升机使用方法进行操作，并通知其他人员远离举升设备。

（3）更换油液或配件时，应做好油液和配件的回收清理工作，以免对工作环境造成污染。

观察下列车间操作图片，勾选出操作正确的图片。

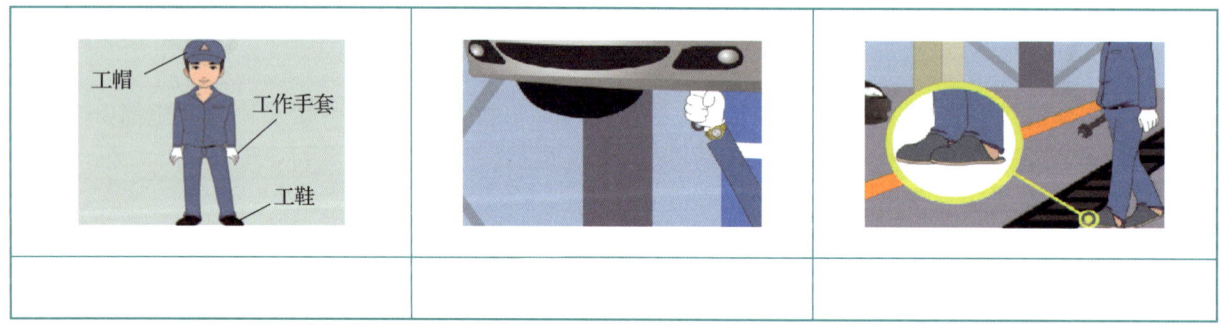

四、任务分配（表2-1）

表2-1　　　　　　　　　　任务分配表

职务	代码	姓名	工作内容
组长	A		监督、管理组员工作
组员	B		准备实训所需车辆及零配件
	C		
	D		准备实训所需工具及维修手册
	E		

五、任务实施

（一）操作流程

补充表 2-2 并按工作步骤完成任务。

表 2-2 操作流程

工作步骤	项目	工作内容
1	准备工作	将车辆驶入举升机工位中心位置，拉紧驻车制动器，并将变速器置于空挡位置
		铺好转向盘套、座套、脚垫，打开发动机舱盖，铺好翼子板布
		将举升机支车臂对正支车点，操纵举升机，使支车点与车身稳定接触
		打开发动机舱盖，用吹尘枪简单清洁发动机舱
2	举升车辆	操纵举升机举升车辆至合适高度，同时观察车身是否存在倾斜，如倾斜立即停止举升，并降下车辆检查
		待举升车辆至合适高度后，锁止举升机保险，举升过程中车下严禁站人
3	排放油液	打开转向助力油壶盖，使用抽油机抽取油液，同时左右转动转向盘，使转向系统内油液充分排净
4		使用十字旋具拆卸发动机上护罩，然后拆卸空气滤清器壳体
		使用 15 mm 呆扳手扳住张紧器上方凸起处，向下压释放张紧器压力，取下助力泵传动带
		使用 10 mm 和 8 mm 套管拆卸助力泵护板固定螺栓，取下护板
		使用 6 mm 内六方扳手拆卸助力泵带轮固定螺栓，并取下带轮
		在助力泵下方放置接油盆，使用 22 mm 梅花扳手拆卸助力泵上高压油管螺栓，取下高压油管及垫片，使用专用卡簧钳拆卸助力泵供油管卡子，取下供油管
		使用 13 mm 套管拆卸助力泵固定螺栓，取下助力泵
		安装转向助力泵及固定螺栓，并使用 13 mm 套管紧固至（ ）
		安装供油管、高压油管及固定螺栓，并用 22 mm 梅花扳手紧固至（ ）
		安装助力泵带轮，并用 6 mm 内六方扳手紧固至（ ）
		安装转向助力泵护板，并用 10 mm 和 8 mm 套管紧固螺栓
		将助力泵传动带按原位置缠绕各带轮，使用 15 mm 呆扳手扳住张紧器上方凸起处，向下压释放张紧器压力，将传动带放置到张紧轮下方压住后松开张紧器

续表

工作步骤	项目	工作内容
5	添加助力油	向油壶内加注新的助力油至液面上限，同时左右转动转向盘排除系统内空气
		插入尾气排放装置，启动发动机，持续转动转向盘，同时观察油壶内是否存在气泡
6	整理	将车辆降至地面，下降时车下严禁站人
		撤去举升臂、三件套及翼子板布
		整理工具，打扫现场卫生

（二）实施记录

结合任务实施过程，对照表 2-3 中的检查项目进行检查，并勾选实际检查结果。

表 2-3   实施记录

序号	检查项目	检查结果	备注
1	助力泵传动带	正常 □　老化 □　打滑 □	
2	助力泵油管	正常 □　老化 □　渗漏 □	
3	助力泵更换后工作性能	正常 □　异常 □　无助力 □	

六、检 查

（一）自 检

结合本组任务操作过程，对任务执行过程中的操作规范性进行检查，检查操作过程中是否存在以下问题，在表 2-4 中勾选检查结果。分析讨论应如何避免，并总结规范的操作方法。

表 2-4   自 检

检查项目	检查结果	
车辆停放位置是否合适，是否将变速器置于空挡并拉紧驻车制动器	是 □	否 □
是否使用三件套对车辆进行防护	是 □	否 □
使用举升机操作是否规范，是否注意人身安全	是 □	否 □
转向助力泵油管是否老化或渗漏	是 □	否 □

续表

检查项目	检查结果
转向助力泵固定螺栓力矩是否符合要求	是 □ 否 □
转向助力油液面高度是否正常	是 □ 否 □
工作场地是否清洁，车辆是否复位	是 □ 否 □

（二）互检

组与组之间相互进行任务操作过程及结果检查，在表2-5中勾选检查结果。

表2-5 互检

检查项目	检查结果
车辆停放位置是否合适，是否将变速器置于空挡并拉紧驻车制动器	是 □ 否 □
使用举升机操作是否规范，是否注意人身安全	是 □ 否 □
转向助力泵油管是否老化或渗漏	是 □ 否 □
转向助力泵固定螺栓力矩是否符合要求	是 □ 否 □
转向助力油液面高度是否正常	是 □ 否 □
工作场地是否清洁，车辆是否复位	是 □ 否 □

七、课堂小结

_____

_____

_____

_____

_____

微课动画

实操视频

任务三 控制臂更换

控制臂更换任务工单			
客户信息	姓名		电话
车辆信息	车型	VIN	行驶里程

客户描述	转向系统工作不良 ☐　　制动系统工作不良 ☐　　行驶系统工作不良 ☐ 颠簸路面舒适性差 ☐　　底盘事故 ☐　　轮胎无气压 ☐ 行驶跑偏 ☐　　制动液异常 ☐　　制动力不足 ☐ 制动踏板沉重 ☐　　坡路溜车 ☐　　轮胎倾角不正常 ☐ 其他： ✎ ＿＿＿＿＿＿＿＿＿＿＿＿＿＿＿＿＿＿ ＿＿＿＿＿＿＿＿＿＿＿＿＿＿＿＿＿＿＿＿ ＿＿＿＿＿＿＿＿＿＿＿＿＿＿＿＿＿＿＿＿

车辆外观检查		车辆内部检查	
凹凸 ☐		污渍 ☐	
划痕 ☐		破损 ☐	
石击 ☐		色斑 ☐	
油漆 ☐		变形 ☐	

明确具体工作任务	✎ ＿＿＿＿＿＿＿＿＿＿＿＿＿＿＿＿＿＿＿＿ ＿＿＿＿＿＿＿＿＿＿＿＿＿＿＿＿＿＿＿＿＿＿ ＿＿＿＿＿＿＿＿＿＿＿＿＿＿＿＿＿＿＿＿＿＿

- 能够独立完成控制臂更换
- 能够正确使用拆装工具，注意操作安全
- 能够向客户解释控制臂损坏给车辆带来的不良影响

- 控制臂的作用
- 控制臂的更换

- 控制臂损坏对车辆的危害
- 控制臂的更换步骤及注意事项
- 安全操作注意事项

- 控制臂的更换方法

一、知识讲解

（一）控制臂的作用

控制臂也叫下摆臂或下肢臂，是汽车行驶系统中的一个零部件。行驶系统是保证汽车行驶平顺性和操控稳定性的重要系统，主要由车轮、车桥、车架、悬架四部分组成。控制臂连接悬架总成与车架，影响着车轮定位并起到导向作用。

车辆长期在颠簸路面行驶会使控制臂长时间处于恶劣的工作条件中，加剧磨损并导致各元件连接松旷，一旦车辆发生碰撞，就会使控制臂运动超过极限位置。另外，车身变形也会导致控制臂因受力不均匀而变形损坏。控制臂损坏会严重影响行车安全性、行驶稳定性及乘坐舒适性，此时就需要更换控制臂。

（二）控制臂的更换

1. 拆卸控制臂（图3-1）

 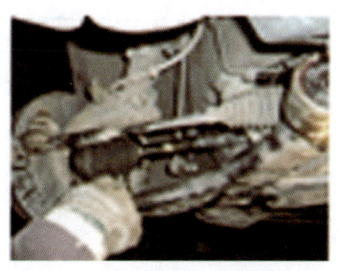 

（a）举升车辆并拆卸轮胎　　（b）拆卸控制臂与车身连接螺栓　　（c）拆卸旧的控制臂

图3-1　拆卸控制臂

2. 安装控制臂

（1）更换新的控制臂，并与车身连接。

（2）安装轮胎并进行四轮定位调整。

3. 路试车辆

路试车辆，检查故障是否排除。

二、任务准备

在下列图片中勾选出本任务所需的物品。

扭力扳手	外径千分尺	三件套	手电钻
充电机	工具车	工具套件	接油盆
轮胎扳手	抹布	撬棍	锤子
零件车	手套	万用表	

举升机	实训整车	维修手册

副车架	下摆臂球头	转向机	下摆臂	转向节

三、防护措施

（1）进入车间应穿工鞋、戴工帽；工作服应整洁，无破损；操作时不可佩戴手表等金属饰品，以防划伤车辆表面，工作时应佩戴手套。

（2）举升车辆时，应严格按照举升机使用方法进行操作，并通知其他人员远离举升设备。

（3）更换油液或配件时，应做好油液和配件的回收清理工作，以免对工作环境造成污染。

观察下列车间操作图片，勾选出操作正确的图片。

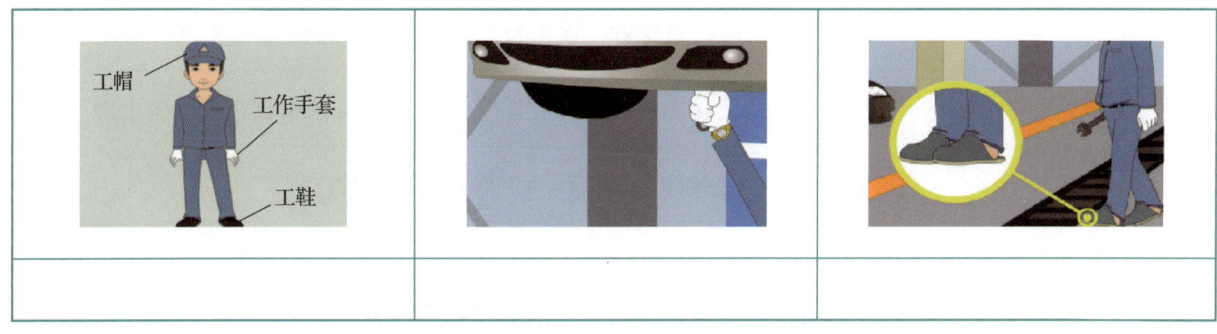

四、任务分配（表3-1）

表 3-1   任务分配表

职务	代码	姓名	工作内容
组长	A		监督、管理组员工作
组员	B		准备实训所需车辆及零配件
	C		
	D		准备实训所需工具及维修手册
	E		

五、任务实施

（一）操作流程

补齐表3-2并按工作步骤完成任务。

表 3-2   操作流程

工作步骤	项目	工作内容
1	准备工作	将车辆驶入举升机工位中心位置，拉紧驻车制动器，并将变速器置于空挡位置
		铺好转向盘套、座套、脚垫，打开发动机舱盖，铺好翼子板布
		将举升机支车臂对正支车点，操纵举升机使支车点与车身稳定接触
2	举升车辆	拧松轮胎，然后举升车辆至合适高度，同时观察车身是否存在倾斜，如倾斜立即停止举升，并降下车辆检查
		待举升车辆至合适高度后，锁止举升机保险，举升过程中车下严禁站人
3		使用 17 mm 套管轮胎扳手拆卸轮胎螺栓，然后将轮胎放在轮胎架上面
		使用 19 mm 套管拆卸连接螺杆与下摆臂固定螺栓
		使用 19 mm 套管拆卸下摆臂前部固定螺栓
		将车辆降下，为安全考虑安装发动机吊件

续表

工作步骤	项目	工作内容
3		用 19 mm 套管拆卸下摆臂后部固定螺栓，并使用撬棍将下摆臂撬下
		将下摆臂放置在台虎钳上并卡死，使用 13 mm 套管拆卸下摆臂与球头固定螺栓，取下球头
		将下摆臂放置在台虎钳上并卡死，安装球头于新下摆臂上，并使用 13 mm 套管紧固螺栓至（ ）
		将新下摆臂安装在副车架固定位置，使用橡胶锤敲击到位；将连接螺杆及下摆臂前部安装到固定位置，并使用橡胶锤敲击到位
		使用 19 mm 套管紧固下摆臂后部螺栓至（ ），紧固下摆臂前部螺栓至（ ）
		将连接螺杆与下摆臂进行连接，并使用 19 mm 套管紧固螺栓至（ ）
		降下车辆，拆卸发动机吊件，安装轮胎
		使用 17 mm 套管将轮胎固定螺栓紧固至（ ）
4	整理	将车辆降至地面，下降时车下严禁站人
		撤去举升臂、三件套及翼子板布
		整理工具，打扫现场卫生

（二）实施记录

结合任务实施过程，对照表 3-3 中的检查项目进行检查，并勾选实际检查结果。

表 3-3   实施记录

序号	检查项目	检查结果	备注
1	控制臂	正常 □ 变形 □	
2	摆臂球头	正常 □ 松旷 □	
3	控制臂更换后的工作性能	正常 □ 故障 □	
4	固定螺栓拧紧力矩	正常 □ 过大 □ 过小 □	

六、检 查

（一）自 检

结合本组任务操作过程，对任务执行过程中的操作规范性进行检查，检查操作过程中是否存在以下问题，在表3-4中勾选检查结果。分析讨论应如何避免，并总结规范的操作方法。

表 3-4　　　　　　　　　　　　　　自 检

检查项目	检查结果	
车辆停放位置是否合适，是否将变速器置于空挡并拉紧驻车制动器	是 ☐	否 ☐
是否使用三件套对车辆进行防护	是 ☐	否 ☐
使用举升机操作是否规范，是否注意人身安全	是 ☐	否 ☐
控制臂更换方法是否正确	是 ☐	否 ☐
控制臂固定螺栓力矩是否符合要求	是 ☐	否 ☐
组员配合是否默契	是 ☐	否 ☐
工作场地是否清洁，车辆是否复位	是 ☐	否 ☐

（二）互 检

组与组之间相互进行任务操作过程及结果检查，在表3-5中勾选检查结果。

表 3-5　　　　　　　　　　　　　　互 检

检查项目	检查结果	
车辆停放位置是否合适，是否将变速器置于空挡并拉紧驻车制动器	是 ☐	否 ☐
是否使用三件套对车辆进行防护	是 ☐	否 ☐
使用举升机操作是否规范，是否注意人身安全	是 ☐	否 ☐
控制臂固定螺栓力矩是否符合要求	是 ☐	否 ☐
是否注重安全生产	是 ☐	否 ☐
工作场地是否清洁，车辆是否复位	是 ☐	否 ☐

七、课堂小结

微课动画

实操视频

前悬架总成检查与更换任务工单				
客户信息	姓名		电话	
车辆信息	车型	VIN		行驶里程

客户描述	转向系统工作不良 □　　制动系统工作不良 □　　行驶系统工作不良 □ 颠簸路面舒适性差 □　　底盘事故 □　　轮胎无气压 □ 行驶跑偏 □　　制动液异常 □　　制动力不足 □ 制动踏板沉重 □　　坡路溜车 □　　轮胎倾角不正常 □ 其他：_____ _____ _____

车辆外观检查		车辆内部检查	
凹凸 □		污渍 □	
划痕 □		破损 □	
石击 □		色斑 □	
油漆 □		变形 □	

明确具体工作任务	_____ _____ _____

任务目标
- 能够独立规范地完成前悬架系统的常规检查
- 能够正确更换减振器
- 能够解答客户关于悬架方面的疑问

任务内容
- 悬架系统的作用与组成
- 悬架系统的分类
- 减振器的拆卸

任务重点
- 减振器的检查方法
- 减振器的拆卸
- 减振器拆装专用工具的使用
- 安全操作注意事项

任务难点
- 减振器的拆卸
- 正确使用减振器拆装专用工具

一、知识讲解

1. 悬架系统的作用与组成

悬架系统是指由车身与轮胎间的弹簧和减振器组成的支持系统，如图 4-1 所示。

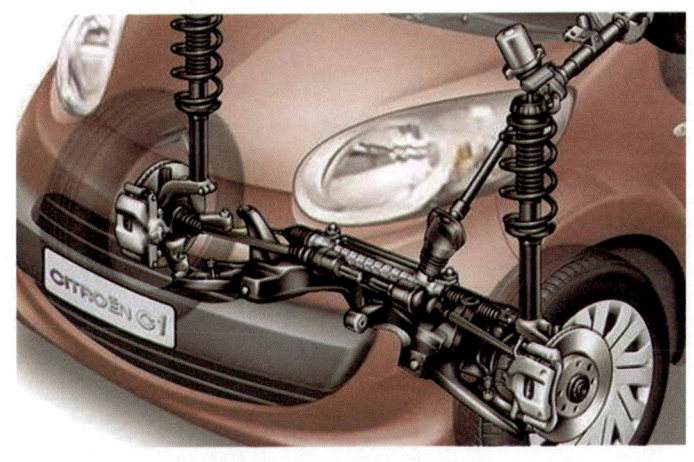

图 4-1 悬架系统

悬架负责连接车桥与车身，并支撑车身，同时传递作用在车轮和车身之间的一切力和力矩，如支撑力、制动力和驱动力等，并且缓冲由不平路面传递给车身的冲击载荷，衰减由此引起的振动，保证乘员的舒适性。汽车悬架系统主要包括弹簧、减振器、转向节、下摆臂以及下摆臂球头等零部件，如图 4-2 所示。

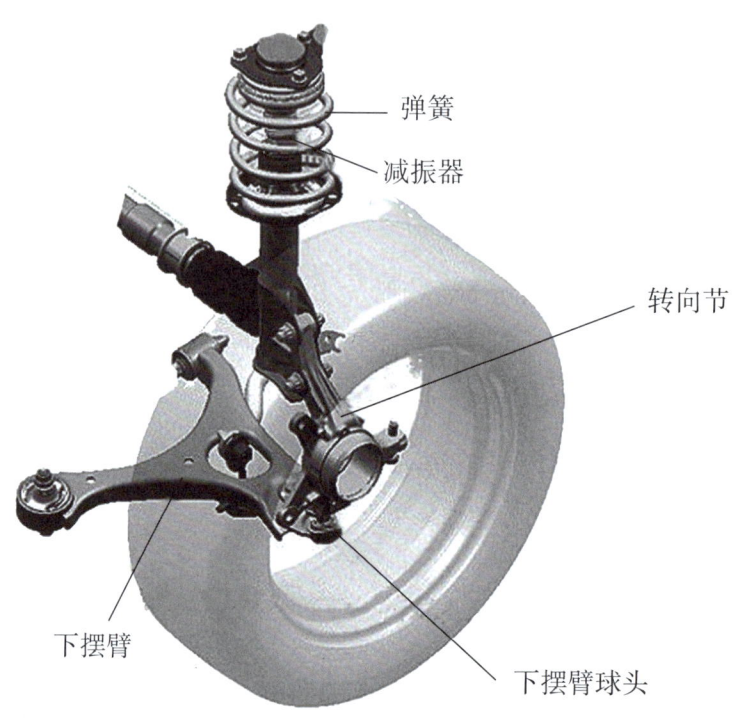

图 4-2　悬架的组成

2. 悬架的分类

悬架根据控制形式不同分为主动式悬架和被动式悬架，根据汽车导向机构不同可分为独立悬架和非独立悬架，如图 4-3 所示。

（a）主动式悬架　　　（b）被动式悬架　　　（c）独立悬架　　　（d）非独立悬架

图 4-3　悬架的分类

独立悬架每一侧的车轮都是单独地通过弹性悬架悬挂在车架或车身下面的。其优点是重量小，可以减少车身受到的冲击，并增大车轮的地面附着力；减小车身的倾斜和振

动，改善汽车的舒适性。利用独立悬架还可以使发动机位置降低，从而降低汽车重心，提高汽车的行驶稳定性。现代轿车大多采用独立悬架，按其结构形式不同，独立悬架又可分为横臂式悬架、纵臂式悬架、多连杆式悬架及麦弗逊式悬架等，如图 4-4 所示。

（a）横臂式悬架　　　（b）纵臂式悬架　　　（c）多连杆式悬架　　　（d）麦弗逊式悬架

图 4-4　独立悬架的分类

3. 减振器的拆卸

拆卸减振器步骤如图 4-5 所示。

（a）举升车辆并拆卸轮胎　　　　　　　　（b）分离减振器与车身连接螺母

（c）拆卸车轮轴承壳与悬架的两个连接螺栓　　　　　（d）取下减振器总成

（e）用螺旋弹簧压缩器分解减振器，并逐一检查

图 4-5　拆卸减振器步骤

汽车转向行驶制动系统拆装与修理

二、任务准备

在下列图片中勾选出完成本任务所需的工具。

 扭力扳手	 减振器拆装专用工具	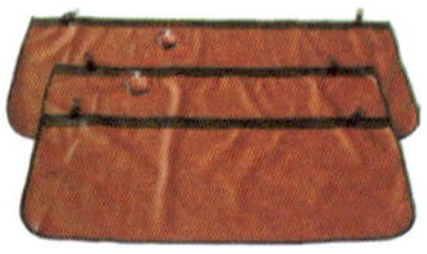 三件套	 管钳
 齿轮油加注机	 工具车	 工具套件	 抛光机
 带磁力表座的百分表	 抹布	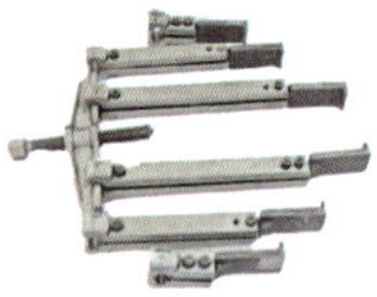 拉力器	 手电筒
 零件车	 减振弹簧压力机	 机滤扳手	
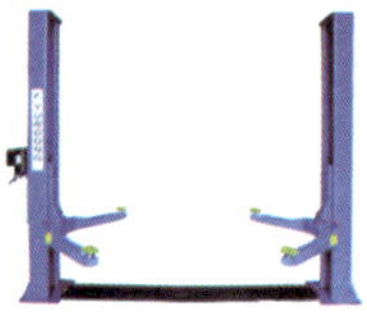 举升机	 实训整车	 维修手册	

下支臂	轮胎	减振器	减振器压力轴承
弹性橡胶元件	防尘套	减振弹簧	转向节

三、防护措施

（1）进入车间应穿工鞋、戴工帽；工作服应整齐，无破损；操作时不可佩戴手表等金属饰品，以防划伤车辆表面，工作时应佩戴手套。

（2）举升车辆时，应严格按照举升机使用方法进行操作，并通知其他人员远离举升设备。

（3）按照要求使用减振弹簧压力机，以免弹簧突然弹起。

（4）正确使用减振器拆装专用工具。

（5）更换油液或配件时，应做好油液和配件的回收清理工作，以免对工作环境造成污染。

观察下列车间操作图片，勾选出操作正确的图片。

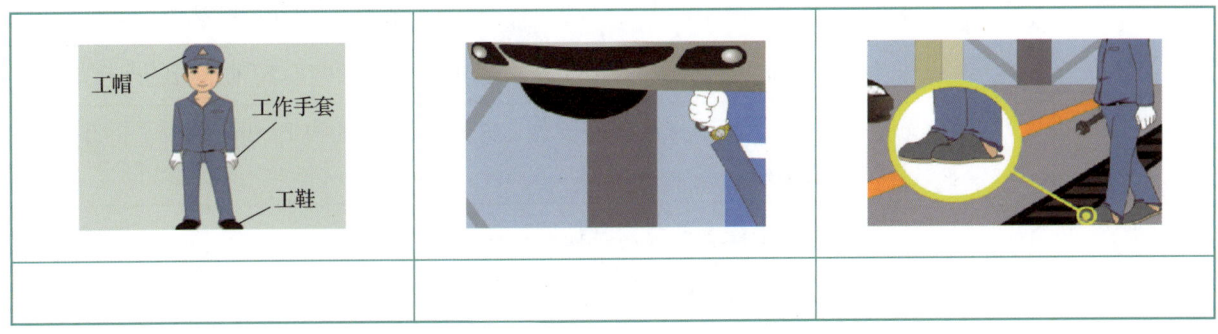

四、任务分配（表4-1）

表4-1　　　　　　　　　　　　　　任务分配表

职务	代码	姓名	工作内容
组长	A		监督、管理组员工作
组员	B		准备实训所需车辆及零配件
	C		
	D		准备实训所需工具及维修手册
	E		

五、任务实施

（一）操作流程

补齐表4-2并按工作步骤完成任务。

表4-2　　　　　　　　　　　　　　操作流程

工作步骤	项目	工作内容
1	准备工作	将车辆驶入举升机工位中心位置，拉紧驻车制动器，并将变速器置于空挡位置
		铺好转向盘套、座套、脚垫，打开发动机舱盖，铺好翼子板布
		将举升机支车臂对正支车点，操纵举升机使支车点与车身稳定接触
		打开发动机舱盖，用吹尘枪简单清洁发动机舱
2	举升车辆	松开轮胎螺栓，正确举升车辆
		待举升车辆至合适高度后，锁止举升机保险，举升过程中车下严禁站人
3		使用17 mm轮胎扳手拆卸轮胎螺栓，取下轮胎并放置于轮胎架上
		取下固定在减振器上的制动油管，并用十字旋具拆卸ABS线束
		使用19 mm梅花扳手和18 mm套管拆卸减振器与车轮轴承壳的连接螺栓
		取下减振器与车身连接的护盖，并用专用工具和21 mm呆扳手拆卸减振器顶部螺栓
		取下车身上固定托盘及减振器
		拆卸减振器固定螺栓

续表

工作步骤	项目	工作内容
4	分解与组装减振器	将减振器安装在专用工具上，并锁紧
		使用专用工具拆卸减振器上方自锁螺母，注意拆卸螺母时头部远离减振器上方以免发生意外，取下悬架轴承橡胶套、轴承及上托盘
		缓慢释放专用工具使弹簧复位，完全松开后取下弹簧、防护套及橡胶挡块，注意松开专用工具时头部远离减振器上方，以免发生意外
		从专用工具上取下减振器
		将减振器安装在专用工具上，并锁紧
		在减振器上安装弹簧，并使弹簧卡在下托盘限位槽中，将专用工具爪勾扣在弹簧上并压缩弹簧
		按顺序装入弹簧上托盘、轴承及自锁螺母，并使用专用工具锁死，然后安装悬架轴承橡胶套（注意安装附件时头部远离减振器正上方，以免发生意外）
		缓慢释放专用工具使弹簧复位，完全松开后取下减振器（注意松开专用工具时头部远离减振器正上方，以免发生意外）
5	安装减振器	将减振器安装到车身上，并在车身上安装固定托盘，安装减振器顶部自锁螺母，使用专用工具预紧
		将减振器装入车轮轴承壳，并装入固定螺栓，使用 19 mm 梅花扳手和 18 mm 套管紧固螺栓
		用十字旋具固定 ABS 线束，并将制动油管固定在减振器上
		使用 22 mm 套管紧固顶部自紧螺栓至（　　　），并装上护盖，使用 18 mm 套管紧固减振器固定螺栓至（　　　）
		安装轮胎及固定螺栓，紧固至 110 N·m
6	整理	将车辆降至地面，下降时车下严禁站人
		撤去举升臂、三件套及翼子板布
		整理工具，打扫现场卫生

（二）实施记录

结合任务实施过程，对照表4-3中的检查项目进行检查，并勾选实际检查结果。

表 4-3 　　　　　　　　　　　　实施记录

序号	检查项目	检查结果	备注
1	减振器是否漏油	是 □　　否 □	
2	减振器阻尼是否正常	是 □　　否 □	
3	减振器活塞杆是否正常	是 □　　否 □	
4	防尘套和缓冲块是否损坏	是 □　　否 □	
5	减振器压力轴承是否正常	是 □　　否 □	
6	减振弹簧是否正常	是 □　　否 □	

六、检 查

（一）自 检

结合本组任务操作过程，对任务执行过程中的操作规范性进行检查，检查操作过程中是否存在以下问题，在表4-4中勾选检查结果。分析讨论应如何避免，并总结规范的操作方法。

表 4-4 　　　　　　　　　　　　自　检

检查项目	检查结果
车辆停放位置是否合适，是否将变速器置于空挡并拉紧驻车制动器	是 □　　否 □
使用举升机及专用工具操作是否规范，是否注意人身安全	是 □　　否 □
减振器拆装和检查是否正确或有漏项	是 □　　否 □
减振器固定螺栓力矩是否符合要求	是 □　　否 □
工作场地是否清洁，车辆是否复位	是 □　　否 □

（二）互 检

组与组之间相互进行任务操作过程及结果检查，在表4-5中勾选检查结果。

表 4-5   互 检

检查项目	结果
车辆停放位置是否合适，是否将变速器置于空挡并拉紧驻车制动器	是 □ 否 □
是否使用三件套对车辆进行防护	是 □ 否 □
使用举升机及专用工具操作是否规范，是否注意人身安全	是 □ 否 □
减振器拆装和检查是否正确或有漏项	是 □ 否 □
减振器固定螺栓力矩是否符合要求	是 □ 否 □
工作场地是否清洁，车辆是否复位	是 □ 否 □

七、课堂小结

微课动画

实操视频

前悬架总成检查与更换任务工单				
客户信息	姓名		电话	
车辆信息	车型	VIN		行驶里程
客户描述	转向系统工作不良 □　制动系统工作不良 □　行驶系统工作不良 □ 颠簸路面舒适性差 □　底盘事故 □　轮胎无气压 □ 行驶跑偏 □　制动液异常 □　制动力不足 □ 制动踏板沉重 □　坡路溜车 □　轮胎倾角不正常 □ 其他			

车辆外观检查		车辆内部检查	
凹凸 □		污渍 □	
划痕 □		破损 □	
石击 □		色斑 □	
油漆 □		变形 □	
明确具体 工作任务			

● 能够独立规范地完成前悬架系统的常规检查
● 能够正确更换前减振器
● 能够解答客户关于悬架方面的疑问

● 悬架系统的作用与组成
● 悬架系统的分类
● 减振器的工作原理
● 减振器的拆卸
● 减振器各元件的检查方法

任务重点

● 减振器的检查方法
● 减振器的拆卸
● 减振器拆装专用工具的使用
● 安全操作注意事项

任务难点

● 减振器的拆卸
● 正确使用减振器拆装专用工具

一、知识讲解

1. 减振器的工作原理

减振器由橡胶弹性元件、防护套、减振器活塞杆、前悬架轴承、轴承座、减振弹簧等组成，如图5-1所示。

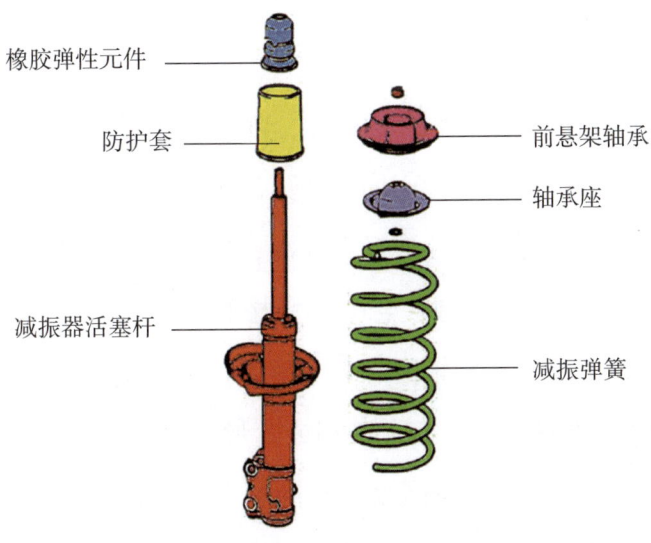

橡胶弹性元件

防护套

减振器活塞杆

前悬架轴承

轴承座

减振弹簧

图 5-1 减振器的组成

车辆行驶时，橡胶弹性元件和减振弹簧可以缓和不平路面引起的振动和冲击。当车身和车桥间受振动出现相对运动时，减振器内的活塞上下移动，减振器腔内的油液便反复地从一个腔经过不同的孔隙流入另一个腔内。此时孔壁与油液间的摩擦和油液分子间的内摩擦对振动形成阻尼力，使汽车振动能量转化为油液热能，再由减振器吸收散发到大气中。减振器的工作原理如图 5-2 所示。

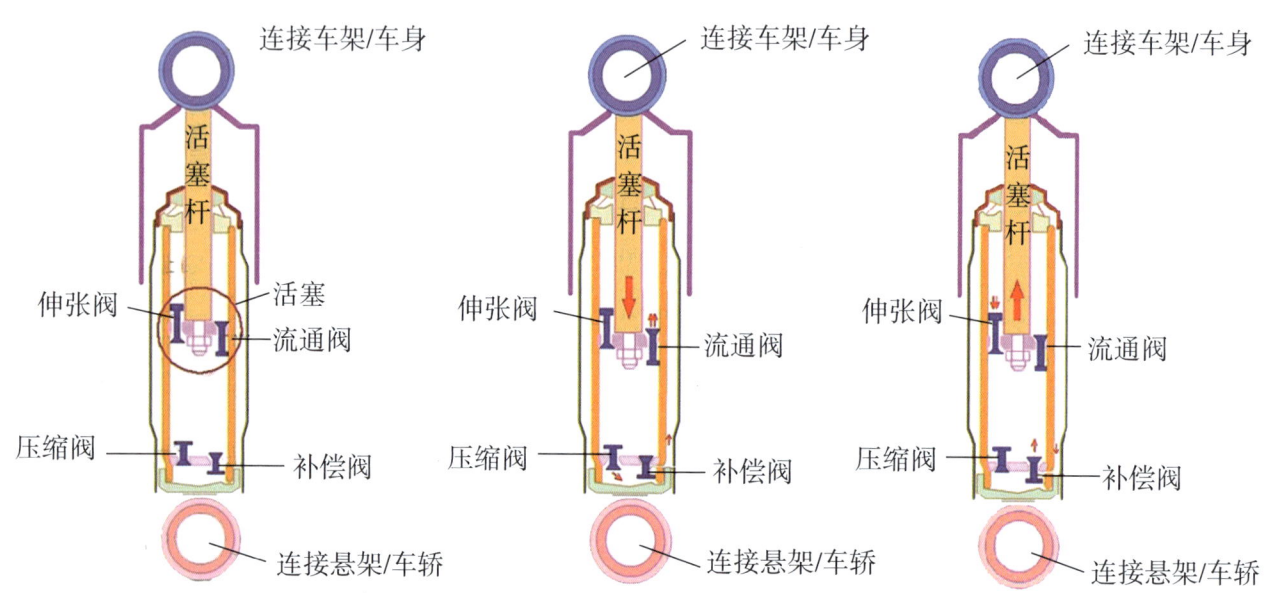

图 5-2　减振器的工作原理

2.减振器各元件的检查方法

（1）在检查减振器时，首先观察减振器表面是否有油渍，如有则说明减振器漏油，需更换。

（2）用手向上抽和向下压减振器的活塞杆，都应能感觉到比较大的阻力，并且在向上抽出时减振器活塞杆的阻力应明显大于向下压入时的阻力。若在抽压过程中无明显阻力或出现跳动现象，则说明减振器内部油液已有泄漏，应更换减振器。

（3）在检查悬架轴承时，一手握住悬架轴承橡胶套，另一只手抵住悬架轴承内部承孔处，用力挤压并旋转，应感觉转动轻便、无摩擦感，否则应更换悬架轴承。

（4）检查防尘套及弹性橡胶元件有无破损或变形。

（5）检查减振弹簧时应检查弹簧高度，与同一车桥上的弹簧做对比，高度应相同且无弯曲变形，否则需更换。

二、任务准备

勾选出完成本任务所需的工具、设备、资料等。

扭力扳手	减振器拆装专用工具	三件套	管钳
齿轮油加注机	工具车	工具套件	抛光机
带磁力表座的百分表	抹布	拉力器	手电筒
零件车	减振弹簧压力机	机滤扳手	
举升机	实训整车	维修手册	

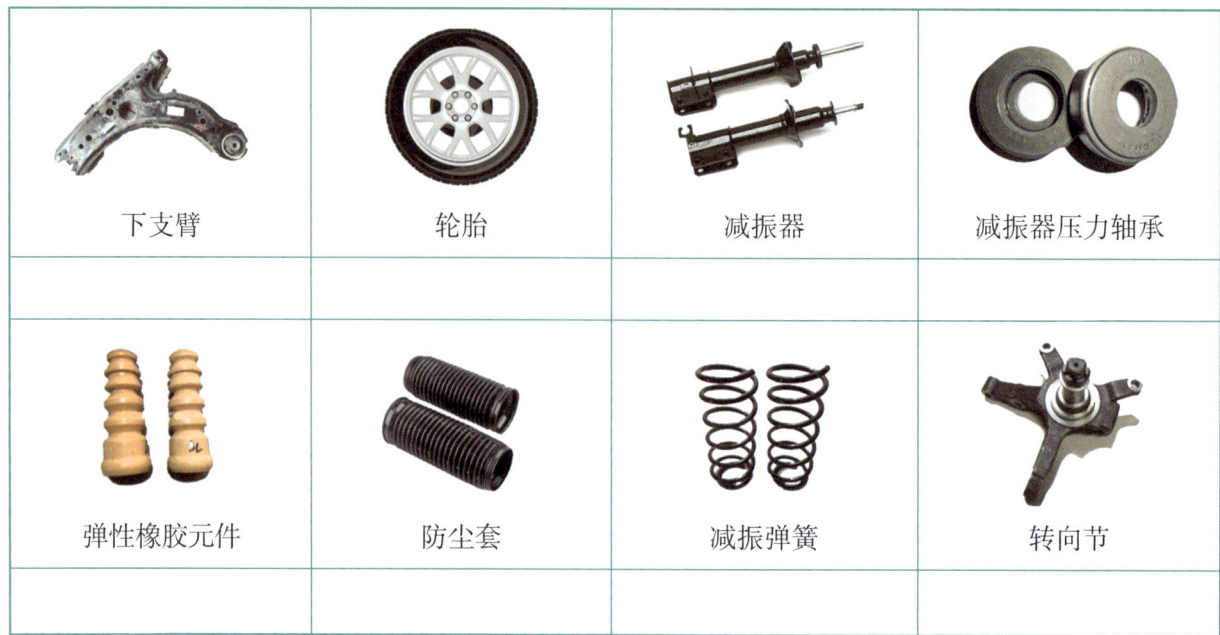

下支臂	轮胎	减振器	减振器压力轴承
弹性橡胶元件	防尘套	减振弹簧	转向节

三、防护措施

（1）进入车间应穿工鞋、戴工帽；工作服应整洁，无破损；操作时不可佩戴手表等金属饰品，以防划伤车辆表面，工作时应佩戴手套。

（2）举升车辆时，应严格按照举升机使用方法进行操作，并通知其他人员远离举升设备。

（3）严格按照要求使用减振弹簧压力机，以免弹簧突然弹起。

（4）正确使用减振器拆装专用工具。

（5）更换油液或配件时，应做好油液和配件的回收清理工作，以免对工作环境造成污染。

观察下列车间操作图片，勾选出操作正确的图片。

四、任务分配（表5-1）

表 5-1   任务分配表

职务	代码	姓名	工作内容
组长	A		监督、管理组员工作
组员	B		准备实训所需车辆及零配件
	C		
	D		准备实训所需工具及维修手册
	E		

五、任务实施

（一）操作流程

补齐表5-2并按工作步骤完成任务。

表 5-2   操作流程

工作步骤	项目	工作内容
1	准备工作	将车辆驶入举升机工位中心位置，拉紧驻车制动器，并将变速器置于空挡位置
		铺好转向盘套、座套、脚垫，打开发动机舱盖，铺好翼子板布
		将举升机支车臂对正支车点，操纵举升机使支车点与车身稳定接触
		打开发动机舱盖，用吹尘枪简单清洁发动机舱
2	举升车辆	松开轮胎螺栓，正确举升车辆
		待举升车辆至合适高度后，锁止举升机保险，举升过程中车下严禁站人
3		使用17 mm轮胎扳手拆卸轮胎螺栓，取下轮胎并放置于轮胎架上
		取下固定在减振器上的制动油管，并用十字旋具拆卸ABS线束
		使用19 mm梅花扳手和18 mm套管拆卸减振器与车轮轴承壳的连接螺栓
		取下减振器与车身连接的护盖，并用专用工具和21 mm呆扳手拆卸减振器顶部螺栓
		取下车身上固定托盘及减振器
		拆卸减振器固定螺栓

续表

工作步骤	项目	工作内容
4	分解与组装减振器	将减振器安装在专用工具上，并锁紧
		使用专用工具拆卸减振器上方自锁螺母，注意拆卸螺母时头部远离减振器上方以免发生意外，取下悬架轴承橡胶套、轴承及上托盘
		缓慢释放专用工具使弹簧复位，完全松开后取下弹簧、防护套及橡胶挡块，注意松开专用工具时头部远离减振器上方，以免发生意外
		从专用工具上取下减振器
		将减振器安装在专用工具上，并锁紧
		在减振器上安装弹簧，并使弹簧卡在下托盘限位槽中，将专用工具爪勾扣在弹簧上并压缩弹簧
		按顺序装入弹簧上托盘、轴承及自锁螺母，并使用专用工具锁死，然后安装悬架轴承橡胶套（注意安装附件时头部远离减振器正上方，以免发生意外）
		缓慢释放专用工具使弹簧复位，完全松开后取下减振器（注意松开专用工具时头部远离减振器正上方，以免发生意外）
5	安装减振器	将减振器安装到车身上，并在车身上安装固定托盘，安装减振器顶部自锁螺母，使用专用工具预紧
		将减振器装入车轮轴承壳，并装入固定螺栓，使用 19 mm 梅花扳手和 18 mm 套管紧固螺栓
		用十字旋具固定ABS线束，并将制动油管固定在减振器上
		使用 22 mm 套管紧固顶部自紧螺栓至（　　　），并装上护盖，使用 18 mm 套管紧固减振器固定螺栓至（　　）
		安装轮胎及固定螺栓，紧固至 110 N·m
6	整理	将车辆降至地面，下降时车下严禁站人
		撤去举升臂、三件套及翼子板布
		整理工具，打扫现场卫生

（二）实施记录

结合任务实施过程，对照表5-3中的检查项目进行检查，并勾选实际检查结果。

表5-3　　　　　　　　　　　　　　实施记录

序号	检查项目	检查结果		备注
1	减振器是否漏油	是□	否□	
2	减振器阻尼是否正常	是□	否□	
3	减振器活塞杆是否正常	是□	否□	
4	防尘套和缓冲块是否损坏	是□	否□	
5	减振器压力轴承是否正常	是□	否□	
6	减振弹簧是否正常	是□	否□	

六、检　查

（一）自　检

结合本组任务操作过程，对任务执行过程中的操作规范性进行检查，检查操作过程中是否存在以下问题，在表5-4中勾选检查结果。分析讨论应如何避免，并总结规范的操作方法。

表5-4　　　　　　　　　　　　　　自　检

检查项目	结果	
车辆停放位置是否合适，是否将变速器置于空挡并拉紧驻车制动器	是□	否□
使用举升机及专用工具操作是否规范，是否注意人身安全	是□	否□
减振器拆装和检查是否正确或有漏项	是□	否□
减振器固定螺栓力矩是否符合要求	是□	否□
工作场地是否清洁，车辆是否复位	是□	否□

（二）互　检

组与组之间相互进行任务操作过程及结果检查，在表5-5中勾选检查结果。

表 5-5 互 检

检查项目	结果
车辆停放位置是否合适，是否将变速器置于空挡并拉紧驻车制动器	是 □　否 □
是否使用三件套对车辆进行防护	是 □　否 □
使用举升机及专用工具操作是否规范，是否注意人身安全	是 □　否 □
减振器拆装和检查是否正确或有漏项	是 □　否 □
减振器固定螺栓力矩是否符合要求	是 □　否 □
工作场地是否清洁，车辆是否复位	是 □　否 □

七、课堂小结

微课动画

实操视频

轮胎修补任务工单				
客户信息	姓名		电话	
车辆信息	车型		VIN	行驶里程
客户描述	转向系统工作不良 ☐　　颠簸路面舒适性差 ☐　　行驶跑偏 ☐　　制动踏板沉重 ☐　　其他： 制动系统工作不良 ☐　　底盘事故 ☐　　制动液异常 ☐　　坡路溜车 ☐		行驶系统工作不良 ☐　　轮胎无气压 ☐　　制动力不足 ☐　　轮胎倾角不正常 ☐	

车辆外观检查		车辆内部检查	
凹凸 ☐		污渍 ☐	
划痕 ☐		破损 ☐	
石击 ☐		色斑 ☐	
油漆 ☐		变形 ☐	

明确具体工作任务	

任务目标
- 能够独立规范地完成轮胎的拆装
- 能够正确使用轮胎拆装机
- 能够正确修补轮胎
- 能够正确使用动平衡机
- 能够解答客户关于轮胎方面的疑问

任务内容
- 轮胎的作用及漏气的处理方法
- 轮胎修补作业
- 轮胎拆装机的使用
- 补胎的方法

任务重点
- 轮胎拆装机的使用及注意事项
- 动平衡机的使用及注意事项
- 轮胎的修补作业

任务难点
- 轮胎拆装机的操作方法
- 动平衡机的操作方法
- 轮胎的修补方法

一、知识讲解

1. 轮胎的作用

轮胎用于支撑汽车，配合悬架缓冲行驶中所受到的冲击，从而减轻振动。轮胎还能保证车轮和路面有良好的附着性，以提高汽车的牵引性、制动性和通过性。

当轮胎出现破损漏气影响车辆正常行驶时，需要对轮胎进行修补，严重时需要更换轮胎。

2. 轮胎修补作业

进行轮胎修补时，首先要找到轮胎破损点并做标记，然后对轮胎进行放气，最后使用轮胎拆装机分离轮胎与轮辋。轮胎拆下后，使用专用补胎工具对轮胎进行修补，然后利用轮胎拆装机将修补好的轮胎进行组装，组装完毕后，使用动平衡机对车轮做动平衡。

3. 轮胎拆装机的使用

轮胎拆装机主要由分离铲、工作台、升降杆、拆装器、立柱、机座等部件组成，如图6-1所示。

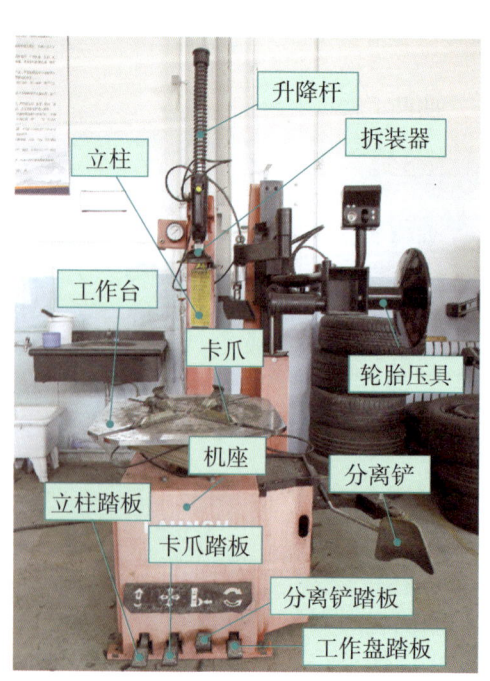

图 6-1 轮胎拆装机

轮胎拆卸步骤如图6-2所示，轮胎安装步骤如图6-3所示。

（a）松动轮胎　　　　　（b）固定轮辋　　　　　（c）分离轮胎与轮辋

图6-2　轮胎拆卸步骤

（a）组装轮胎与轮辋　　　　　　　　（b）对轮胎充气

图6-3　轮胎安装步骤

4. 补胎的方法

轮胎修补作业主要有轮胎内补法与轮胎外补法两种方法。

（1）轮胎内补法。首先用气泵将轮胎充满气，涂抹泡沫查出破损处。做好标记后，对轮胎进行放气，使用轮胎拆装机将轮胎从轮辋上卸下，将破损处的异物清理干净后，在汽车轮胎内层破损处涂抹胶水，贴上专用的补胎胶皮并压紧，完成轮胎修补，如图6-4所示。

（a）在汽车轮胎内层破损处涂抹胶水　　　　　（b）贴上专用的补胎胶皮并压紧

图6-4　轮胎内补法

（2）轮胎外补法。首先用气泵将轮胎充满气，涂抹泡沫查出破损处。做好标记后，将补胎胶条插入打针钻，用打针钻将破损处扩大并将补胎胶条打入破损处完成轮胎修补，如图6-5所示。

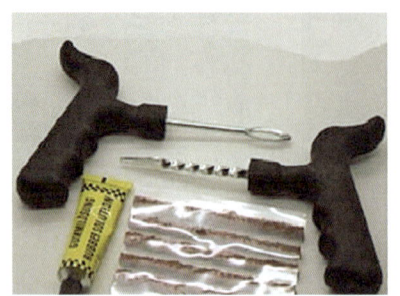

图 6-5　轮胎外补法

二、任务准备

勾选出完成本任务所需的工具、设备、资料等。

 工具套件	 抛光机	 三件套	 扭力扳手	 轮胎拆装机
 动平衡机	 抹布	 胎压表	 手电筒	
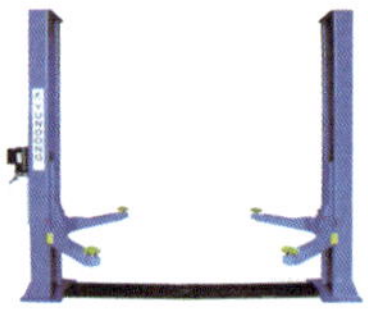 举升机	 实训整车	 设备使用说明书		

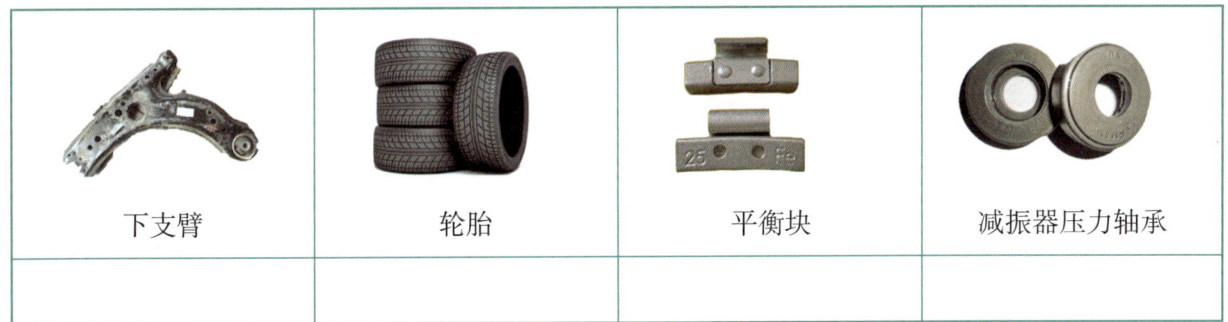

下支臂	轮胎	平衡块	减振器压力轴承

三、防护措施

（1）进入车间应穿工鞋、戴工帽；工作服应整洁，无破损；操作时不可佩戴手表等金属饰品，以防划伤车辆表面，工作时应佩戴手套。

（2）举升车辆时，应严格按照举升机正确使用方法进行操作，并通知其他人员远离举升设备。

（3）严格按照要求使用减振弹簧压力机，以免弹簧突然弹起。

（4）正确使用减振器拆装专用工具。

（5）更换油液或配件时，应做好油液和配件的回收清理工作，以免对工作环境造成污染。

观察下列车间操作图片，勾选出操作正确的图片。

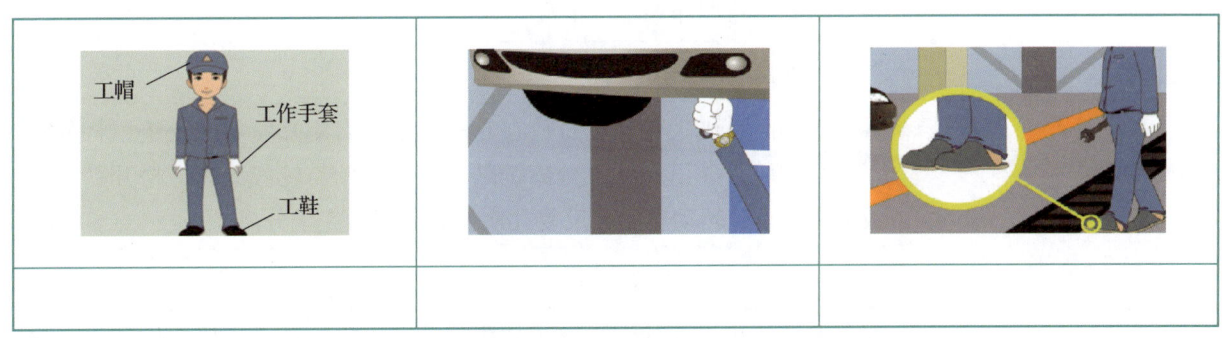

四、任务分配（表6-1）

表6-1　　　　　　　　　　　　　　任务分配表

职务	代码	姓名	工作内容
组长	A		监督、管理组员工作
组员	B		准备实训所需车辆及零配件
	C		
	D		准备实训所需工具及维修手册
	E		

五、任务实施

（一）操作流程

补齐表6-2并按工作步骤完成任务。

表6-2　　　　　　　　　　　　　　操作流程

工作步骤	项目	工作内容
1	准备工作	检查轮胎拆装机的工作状况是否正常
		检查动平衡机的工作状况是否正常
		检查轮胎、轮辋外观是否正常
		准备不同型号的平衡块若干
2	举升车辆	拆卸轮胎时首先把轮胎垂直放在轮胎拆装机右侧并紧贴橡胶垫，将分离工具贴住轮毂外沿，踩下分离铲踏板，使轮胎与轮毂分离，松开踏板释放分离工具，转动轮胎，反复几次使胎唇轮毂完全分离
		在轮胎两侧边缘涂抹润滑液（如肥皂液）。将轮胎放到轮胎拆装机工作台上，踩下卡爪踏板，使卡爪卡紧轮毂（根据轮毂型号选取卡死方式，即内卡或外卡），晃动轮胎检查轮胎是否卡紧
		调整机头，使垂直机头靠近轮毂外沿并锁死外沿，此处要求机头与轮毂上沿垂直间隙约为3 mm，水平距离约为5 mm
		在轮胎与机头之间插入撬板，撬出部分轮胎，并使胎唇挂在机头上

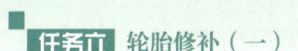

续表

工作步骤	项目	工作内容
2	举升车辆	踩下工作台踏板，顺时针转动轮胎，直至轮胎上缘脱离轮毂。若分离不成功或轮胎卡住，挑起工作台踏板使工作台逆时针旋转，重新操作；使用相同方法拆卸轮胎下缘，释放垂直机头，并取下轮胎
		安装轮胎时，首先在轮胎两侧胎唇上涂抹润滑液，防止安装轮胎时损坏轮胎
		踩下工作台踏板，顺时针转动轮胎，将轮胎下缘完全装入轮毂
		令轮胎上缘一侧低于轮毂上沿，各一侧放置于机头安装侧，并使用辅助臂按压轮胎，踩下工作台踏板，顺时针转动轮胎，令轮胎上缘完全装入轮毂（如果带有胎压传感器，安装时将传感器让过机头）
		使用专用工具安装充气嘴针阀，然后充气至标准压力值
		将肥皂液涂抹在气嘴、漏气点及轮胎与轮毂结合处，观察是否漏气
3	车轮动平衡	使用专用钳取下轮辋两侧的平衡块，若是粘贴的平衡块，用刀片去除
		用旋具清除轮胎缝隙中的较大石子，用抹布将轮辋内侧擦拭干净
		取下轮辋中间的护盖（无护盖跳过），将轮胎放置在动平衡机的工作轴上，选取合适的锥形卡具卡住轮辋中心，并锁死
		打开动平衡机开关
		拉出平衡机右侧标尺，测量平衡机至轮辋的距离，并在屏幕上输入第一项数据
		使用专用卡尺测量轮辋宽度，并在屏幕上输入第二项数据
		读取轮胎尺寸（如 195/65 R15），取 R 后的数值，并在屏幕上输入第三项数据
		数据输入完毕后，放下保护罩，启动动平衡机，测量开始。测量时禁止用手机等物品触碰轮胎，注意不要站在轮胎附近，以免发生危险。动平衡机测出数据后会显示在屏幕上，此时轮胎会缓慢停止转动
		打开防护罩，根据屏幕上数据提示找到轮辋需要安装平衡块的位置，安装合适的平衡块
		再次放下防护罩，启动动平衡机，验证平衡数据
		如果再次出现数值则重复以上步骤安装平衡块，直至数据为 0

续表

工作步骤	项目	工作内容
4	整理	关闭轮胎拆装机电源
		关闭动平衡机电源
		整理工具，打扫现场卫生

（二）实施记录

结合任务实施过程，对照表6-3中的检查项目进行检查，并勾选（填写）实际检查结果。

表6-3　　　　　　　　　　　　　实施记录

序号	检查项目	检查结果	备注
1	轮胎工作压力	正常 □　　异常 □	
2	轮辋工作性能	正常 □　　异常 □	
3	车轮动平衡量		

六、检　查

（一）自　检

结合本组任务操作过程，对任务执行过程中的操作规范性进行检查，检查操作过程中是否存在以下问题，在表6-4中勾选检查结果。分析讨论应如何避免，并总结规范的操作方法。

表6-4　　　　　　　　　　　　　　自　检

检查项目	检查结果
轮胎拆装机操作是否正确	是 □　　否 □
动平衡机操作是否正确	是 □　　否 □
轮胎工作性能是否正常	是 □　　否 □
组员配合是否默契	是 □　　否 □
工作场地是否清洁，车辆是否复位	是 □　　否 □

（二）互　检

组与组之间相互进行任务操作过程及结果检查，在表6-5中勾选检查结果。

表6-5　　　　　　　　　　　　互　检

检查项目	检查结果
轮胎拆装机操作是否正确	是□　　否□
动平衡机操作是否正确	是□　　否□
轮胎工作性能是否正常	是□　　否□
是否出现安全事故	是□　　否□
工作场地是否清洁，车辆是否复位	是□　　否□

七、课堂小结

微课动画

实操视频

轮胎修补任务工单			
客户信息	姓名		电话
车辆信息	车型	VIN	行驶里程
客户描述	转向系统工作不良 □　　制动系统工作不良 □　　行驶系统工作不良 □ 颠簸路面舒适性差 □　　底盘事故 □　　轮胎无气压 □ 行驶跑偏 □　　制动液异常 □　　制动力不足 □ 制动踏板沉重 □　　坡路溜车 □　　轮胎倾角不正常 □ 其他 　　　　　　　　　　　　　　　　　　　　　　　　　　　　 		
	车辆外观检查		车辆内部检查
凹凸 □		污渍 □	
划痕 □		破损 □	
石击 □		色斑 □	
油漆 □		变形 □	
明确具体工作任务	 　　　　　　　　　　　　　　　　　　　　　　　　　　　　　　 		

 任务目标

- 能够独立规范地完成轮胎的拆装
- 能够正确使用轮胎拆装机
- 能够正确修补轮胎
- 能够正确使用动平衡机
- 能够解答客户关于轮胎方面的疑问

 任务内容

- 车轮动平衡及操作步骤

 任务重点

- 轮胎拆装机的使用及注意事项
- 动平衡机的使用及注意事项
- 轮胎的修补作业

 任务难点

- 轮胎拆装机的操作方法
- 动平衡机的操作方法
- 轮胎的修补方法

一、知识讲解

1. 车轮动平衡

汽车的车轮是由轮胎、轮毂组成的一个整体，但经过拆装后，这个整体各部分的质量分布不可能非常均匀，汽车车轮高速旋转就会进入转动不平衡状态，造成车辆在行驶中出现车轮抖动、转向盘振动的现象。为了避免这些现象，就要在车轮动态情况下通过增加配重的方法，使车轮校正各边缘部分的平衡，这个校正的过程就是动平衡。

对车轮做动平衡时要使用动平衡机。动平衡机主要由主轴、轮胎锁紧锥套、轮胎锁紧扳手、显示屏、测量尺、防护罩、机座等部件组成，如图7-1所示。

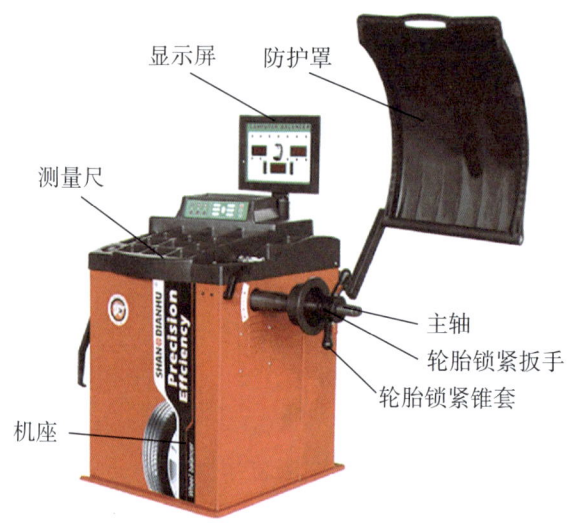

图 7-1　动平衡机

2.车轮动平衡的操作步骤

车轮动平衡的操作步骤如图 7-2 所示。

（a）安装车轮到动平衡机主
轴上，并锁紧车轮

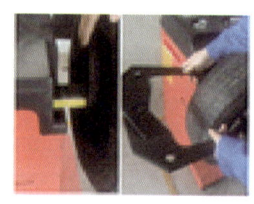

（b）测量并输入动平衡参数

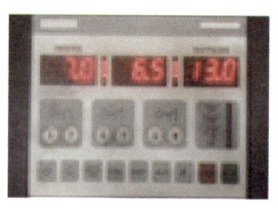

（c）输入测量值和车轮数据，
盖好车轮防护罩，启动动
平衡机进行测量

（d）测量结束后，依据测量数
值安装相应数值平衡块

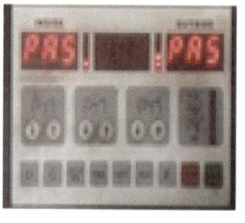

（e）再次测量，直到车轮达
到平衡要求

图 7-2　车轮动平衡的操作步骤

二、任务准备

勾选出完成本任务所需的工具、设备、资料等。

工具套件	抛光机	三件套	扭力扳手	轮胎拆装机
动平衡机	抹布	胎压表	手电筒	
举升机	实训整车	设备使用说明书		
下支臂	轮胎	平衡块	减振器压力轴承	

三、防护措施

（1）进入车间应穿工鞋、戴工帽；工作服应整洁，无破损；操作时不可佩戴手表等金属饰品，以防划伤车辆表面，工作时应佩戴手套。

（2）举升车辆时，应严格按照举升机使用方法进行操作，并通知其他人员远离举升设备。

（3）严格按照要求使用减振弹簧压力机，以免弹簧突然弹起。

（4）正确使用减振器拆装专用工具。

（5）更换油液或配件时，应做好油液和配件的回收清理工作，以免对工作环境造成污染。

观察下列车间操作图片，勾选出操作正确的图片。

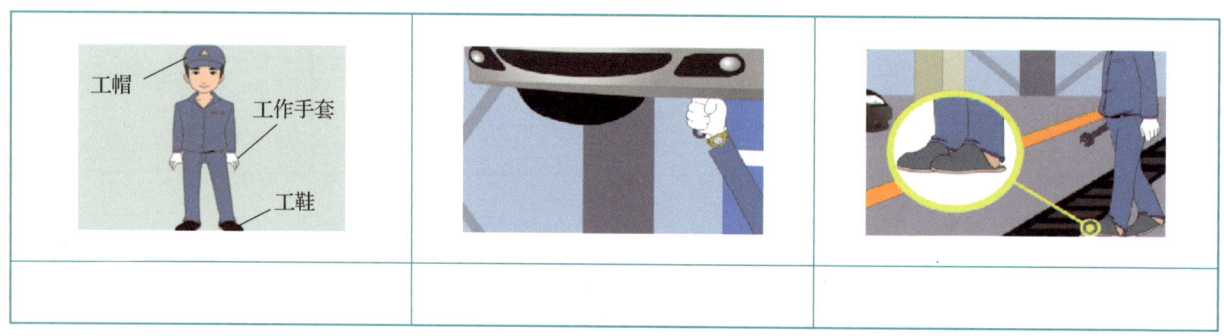

四、任务分配（表7-1）

表7-1   任务分配表

职务	代码	姓名	工作内容
组长	A		监督、管理组员工作
组员	B		准备实训所需车辆及零配件
	C		
	D		准备实训所需工具及维修手册
	E		

五、任务实施

（一）操作流程

补齐表 7-2 并按工作步骤完成任务。

表 7-2   操作流程

工作步骤	项目	工作内容
1	准备工作	检查轮胎拆装机的工作状况是否正常
		检查动平衡机的工作状况是否正常
		检查轮胎、轮辋外观是否正常
		准备不同型号的平衡块若干
2	举升车辆	拆卸轮胎时首先把轮胎垂直放在轮胎拆装机右侧并紧贴橡胶垫，将分离工具贴住轮毂外沿，踩下分离铲踏板，使轮胎与轮毂分离，松开踏板释放分离工具，转动轮胎，反复几次使胎唇轮毂完全分离
		在轮胎两侧边缘涂抹润滑液（如肥皂液）。将轮胎放到轮胎拆装机工作台上，踩下卡爪踏板，使卡爪卡紧轮毂（根据轮毂型号选取卡死方式，即内卡或外卡），晃动轮胎检查轮胎是否卡紧
		调整机头，使垂直机头靠近轮毂外沿并锁死外沿，此处要求机头与轮毂上沿垂直间隙约为 3 mm，水平距离约为 5 mm
		在轮胎与机头之间插入撬板，撬出部分轮胎，并使胎唇挂在机头上
		踩下工作台踏板，顺时针转动轮胎，直至轮胎上缘脱离轮毂。若分离不成功或轮胎卡住，挑起工作台踏板使工作台逆时针旋转，重新操作；使用相同方法拆卸轮胎下缘，释放垂直机头，并取下轮胎
		安装轮胎时，首先在轮胎两侧胎唇上涂抹润滑液，防止安装轮胎时损坏轮胎
		踩下工作台踏板，顺时针转动轮胎，将轮胎下缘完全装入轮毂
		令轮胎上缘一侧低于轮毂上沿，另一侧放置于机头安装侧，并使用辅助臂按压轮胎，踩下工作台踏板，顺时针转动轮胎，令轮胎上缘完全装入轮毂（如果带有胎压传感器，安装时将传感器让过机头）
		使用专用工具安装充气嘴针阀，然后充气至标准压力值
		将肥皂液涂抹在气嘴、漏气点及轮胎与轮毂结合处，观察是否漏气

续表

工作步骤	项目	工作内容
3	车轮动平衡	使用专用钳取下轮辋两侧的平衡块，若是粘贴的平衡块，用刀片去除
		用旋具清除轮胎缝隙中的较大石子，用抹布将轮辋内侧擦拭干净
		取下轮辋中间的护盖（无护盖跳过），将轮胎放置在动平衡机的工作轴上，选取合适的锥形卡具卡住轮辋中心，并锁死
		打开动平衡机开关
		拉出平衡机右侧标尺，测量平衡机至轮辋的距离，并在屏幕上输入第一项数据
		使用专用卡尺测量轮辋宽度，并在屏幕上输入第二项数据
		读取轮胎尺寸（如 195/65 R15），取 R 后的数值，并在屏幕上输入第三项数据
		数据输入完毕后，放下保护罩，启动动平衡机，测量开始。测量时禁止用手机等物品触碰轮胎，注意不要站在轮胎附近，以免发生危险。动平衡机测出数据后会显示在屏幕上，此时轮胎会缓慢停止转动
		打开防护罩，根据屏幕上数据提示找到轮辋需要安装平衡块的位置，安装合适的平衡块
		再次放下防护罩，启动动平衡机，验证平衡数据
		如果再次出现数值则重复以上步骤安装平衡块，直至数据为 0
4	整理	关闭轮胎拆装机电源
		关闭动平衡机电源
		整理工具，打扫现场卫生

（二）实施记录

结合任务实施过程，对照表 7-3 中的检查项目进行检查，并勾选（填写）实际检查结果。

表 7-3   实施记录

序号	检查项目	检查结果	备注
1	轮胎工作压力	正常 □ 异常 □	
2	轮辋工作性能	正常 □ 异常 □	
3	车轮动平衡量		

六、检 查

（一）自 检

结合本组任务操作过程，对任务执行过程中的操作规范性进行检查，检查操作过程中是否存在以下问题，在表 7-4 中勾选检查结果。分析讨论应如何避免，并总结规范的操作方法。

表 7-4   自 检

检查项目	检查结果
轮胎拆装机操作是否正确	是 □ 否 □
动平衡机操作是否正确	是 □ 否 □
轮胎工作性能是否正常	是 □ 否 □
组员配合是否默契	是 □ 否 □
工作场地是否清洁，车辆是否复位	是 □ 否 □

（二）互 检

组与组之间相互进行任务操作过程及结果检查，在表 7-5 中勾选检查结果。

表 7-5   互 检

检查项目	检查结果
轮胎拆装机操作是否正确	是 □ 否 □
动平衡机操作是否正确	是 □ 否 □
轮胎工作性能是否正常	是 □ 否 □
是否出现安全事故	是 □ 否 □
工作场地是否清洁，车辆是否复位	是 □ 否 □

七、课堂小结

微课动画

实操视频

四轮定位及调整任务工单			
客户信息	姓名		电话
车辆信息	车型	VIN	行驶里程

客户描述

转向系统工作不良	☐	制动系统工作不良	☐	行驶系统工作不良	☐
颠簸路面舒适性差	☐	底盘事故	☐	轮胎无气压	☐
行驶跑偏	☐	制动液异常	☐	制动力不足	☐
制动踏板沉重	☐	坡路溜车	☐	轮胎倾角不正常	☐

其他：
_____
_____
_____

车辆外观检查		车辆内部检查	
凹凸 ☐		污渍 ☐	
划痕 ☐		破损 ☐	
石击 ☐		色斑 ☐	
油漆 ☐		变形 ☐	

明确具体工作任务	
	_____ _____ _____

● 能够讲述四轮定位的含义
● 能够正确测量车辆四轮定位数据
● 能够正确使用四轮定位仪
● 能够解答客户关于车轮定位方面的疑问

● 四轮定位的含义
● 四轮定位的工作内容
● 四轮定位参数的测量

● 四轮定位对车辆的影响
● 四轮定位仪的使用及注意事项

● 实车测量四轮定位数据
● 实车调整四轮定位

一、知识讲解

1. 四轮定位的含义

四轮定位包括前轮定位和后轮定位。为保证汽车直线行驶的稳定性和操控的轻便性，减少轮胎和其他零部件的磨损，需要确定车轮与地面的角度，使转向车轮、转向节和前轴三者与车架的安装保持一定的相对位置关系，这种安装位置关系称为前轮定位。前轮定位主要包括主销后倾（角）、主销内倾（角）、前轮外倾（角）以及前轮前束四个内容。后轮也同样存在与后轴之间安装的相对位置关系，称为后轮定位。

当驾驶车辆时感到转向沉重、发抖、跑偏、不回位或者轮胎出现单边磨损、波状磨损、块状磨损、偏磨等不正常磨损，以及驾驶时车感飘浮、颠颤、摇摆时，或在实施任何改变车轮定位角的作业之后，都应该做四轮定位工作。

2. 主销后倾角的测量与调整

在汽车纵向平面内，主销轴线上端略向后倾斜，这种现象称为主销后倾。在纵向垂直平面内，主销中心线与垂线之间的夹角叫主销后倾角，如图 8-1 所示。当主销后倾角过小时，汽车直线行驶时容易发生前轮摆振，转向盘摇摆不定，转向盘自动回正能力变弱，驾驶员会失去路感；当左右轮主销后倾角不等时，车辆直线行驶时会引起跑偏，汽车难以操控，极易引起驾驶员疲劳。

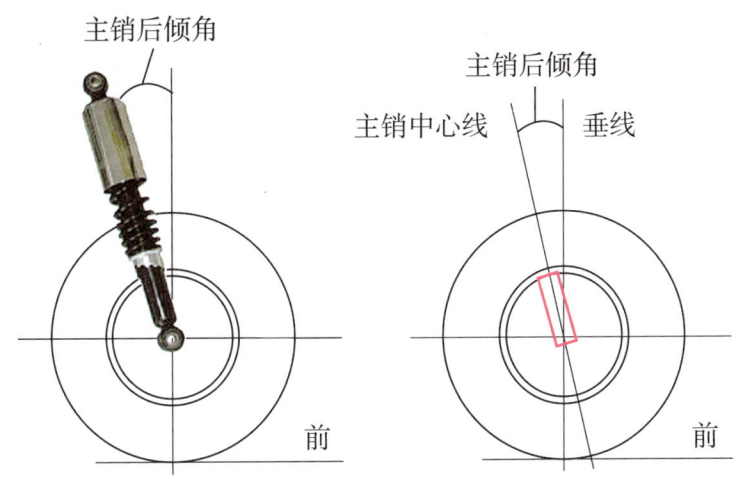

图 8-1 主销后倾角

3. 主销内倾角的测量与调整

在汽车横向平面内主销中心线上端略向内倾斜，这种现象称为主销内倾，如图 8-2 所示。在车辆前轮横向垂直平面内，主销中心线与垂线之间的夹角叫主销内倾角，一般为 7 ~ 13°。

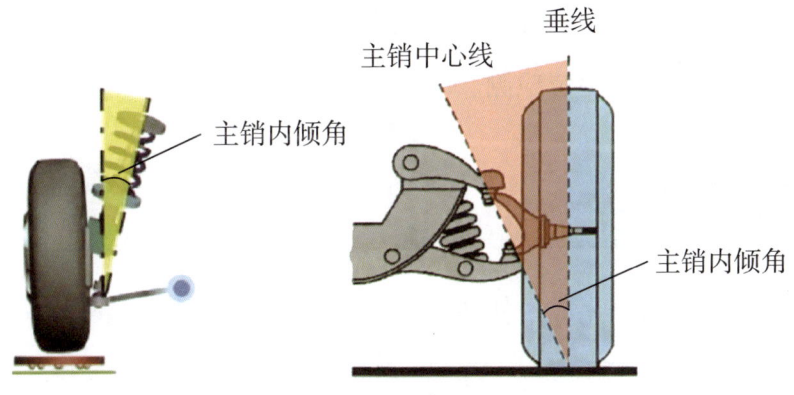

图 8-2 主销内倾角

主销内倾角主要作用是减少转向操纵力，减少回跳和跑偏现象，车轮自动回正可以改善车辆直线行驶的稳定性。若主销内倾角过小，车轮不易回正，低速偏摆；若由主销内倾角产生的偏距为负，则可引起制动跑偏。

4. 四轮定位参数的测量

车辆在进行四轮定位参数的测量时需要使用四轮定位仪，如图 8-3 所示。四轮定位仪主要由四轮定位仪主机及专门用于检测四轮定位的四柱举升机组成。其中，主机设备还带有四个可以安装固定在车轮上的测量探杆。

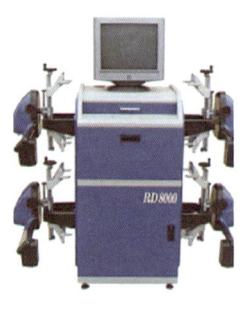  

（a）四轮定位仪主机　　　　　（b）四柱举升机　　　　　（c）测量探杆

图 8-3　四轮定位仪

（1）检测时，将被检测车辆前轮停在四柱举升机的转角盘中心，停稳后，拉紧驻车制动，并拔下转角盘上的锁紧销（停放车辆前应处于锁紧状态）。

（2）把转向盘回正，并用转向盘支架将转向盘固定住。

（3）把四轮定位仪的四个测量探杆固定在车轮上，并将测量探杆上水平气泡调至水平状态。

（4）打开四轮定位仪主机，选择被测车辆的标准数据，按照四轮定位仪系统的指示，对车辆依次进行四轮定位检测。

二、任务准备

在下列图片中勾选出完成本任务所需的物品。

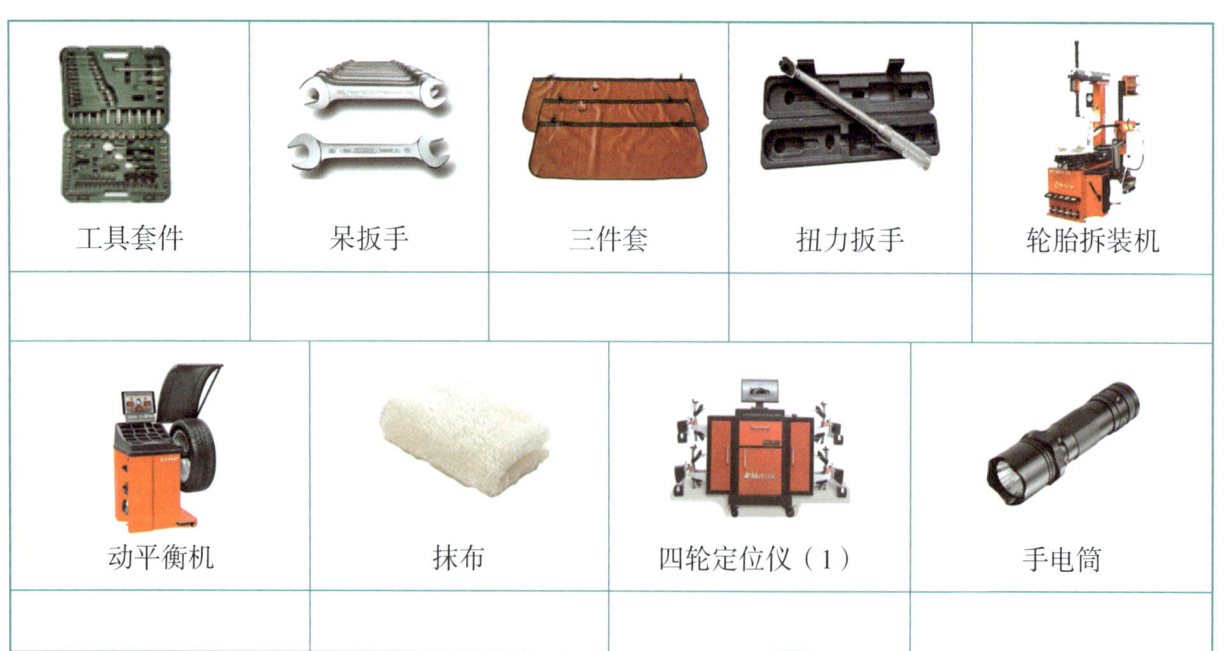

工具套件	呆扳手	三件套	扭力扳手	轮胎拆装机
动平衡机	抹布	四轮定位仪（1）	手电筒	

四轮定位仪（2）	实训整车	设备使用说明书	维修手册
外倾角调整螺栓	轮胎	调整垫片	减振器压力轴承

三、防护措施

（1）进入车间应穿工鞋、戴工帽；工作服应整洁，无破损；操作时不可佩戴手表等金属饰品，以防划伤车辆表面，工作时应佩戴手套。

（2）严格按照要求操作四轮定位仪。

（3）举升车辆时，举升机下严禁站人。

（4）车辆停稳，变速器置于空挡位置，拉紧驻车制动器。

观察下列车间操作图片，勾选出操作正确的图片。

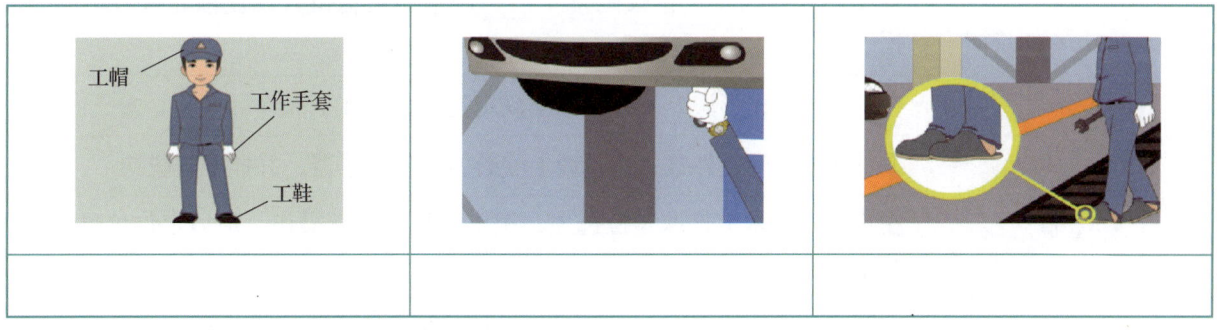

四、任务分配（表8-1）

表 8-1 任务分配表

职务	代码	姓名	工作内容
组长	A		监督、管理组员工作
组员	B		准备实训所需车辆及零配件
	C		
	D		准备实训所需工具及维修手册
	E		

五、任务实施

（一）操作步骤

按 8-2 的工作步骤完成任务。

表 8-2 操作流程

工作步骤	项目	工作内容
1	准备工作	检查四轮定位仪的工作状况是否正常
		检查车辆悬架系统的工作状况是否正常
		检查轮胎、轮辋外观是否正常
2	测量四轮定位数据	检查车辆四轮胎压，若胎压不足将胎压补充至规定值；检查四轮轮胎花纹，如同轴花纹不一致或磨损严重，需更换轮胎后再进行四轮定位
		将车辆驶入四轮定位仪测量工位，调整转角盘位置，使前轮停在转角盘正中
		在后轮放置楔形块，举升车辆至规定高度，并挂上保险
		取下四个车轮毂外罩，在轮毂上安装定位仪传感器，并挂上防脱钩
		在定位仪屏幕上选取定位选项，按电脑提示进行操作，最后定位仪显示出测量后的数据
3	调整前轮前束	按照定位仪数据使用 13 mm 呆扳手转动转向拉杆调整前束值
		调整至规定值后，使用 22 mm 呆扳手紧固转向拉杆螺母
		使用 22 mm 呆扳手松开转向拉杆紧固转向拉杆螺母

续表

工作步骤	项目	工作内容
4	整理及路试	撤去各车轮传感器卡具，放置于规定位置，并安装轮毂外罩
		降下车辆，取下固定后车轮楔块
		撤去转向盘卡具，关闭定位仪
		将车辆驶出定位仪工位并进行路试
		安装前轮转角盘固定栓和后轮侧滑板固定栓
		整理工具，打扫现场卫生

（二）实施记录

结合任务实施过程，对照表 8-3 中的检查项目进行检查，并勾选实际检查结果。

表 8-3　　　　　　　　　　实施记录

序号	检查项目	检查结果	备注
1	轮胎工作压力	正常 □　　磨损 □	
2	转向节各球头	正常 □　　损坏 □	
3	四轮定位数据	正常 □　　错误 □	

六、检　查

（一）自　检

结合本组任务操作过程，对任务执行过程中的操作规范性进行检查，检查操作过程中是否存在以下问题，在表 8-4 中勾选检查结果。分析讨论应如何避免，并总结规范性操作方法。

表 8-4　　　　　　　　　　自　检

检查项目	检查结果
轮胎是否磨损过度或有裂痕	是 □　　否 □
转向节各球头是否松旷	是 □　　否 □
四轮定位数据是否正确	是 □　　否 □
操作步骤是否正确	是 □　　否 □
组员配合是否默契	是 □　　否 □
工作场地是否清洁，车辆是否复位	是 □　　否 □

（二）互　检

组与组之间相互进行任务操作过程及结果检查，在表 8-5 中勾选检查结果。

表 8-5　　　　　　　　　　　　　　　互　检

检查项目	检查结果
轮胎是否磨损过度或有裂痕	是 □　　否 □
转向节各球头是否松旷	是 □　　否 □
四轮定位数据是否正确	是 □　　否 □
操作步骤是否正确	是 □　　否 □
是否注重安全生产	是 □　　否 □
工作场地是否清洁，车辆是否复位	是 □　　否 □

七、课堂小结

微课动画

实操视频

四轮定位及调整任务工单		
客户信息	姓名	电话
车辆信息	车型	VIN	行驶里程

客户描述			
	转向系统工作不良 ☐	制动系统工作不良 ☐	行驶系统工作不良 ☐
	颠簸路面舒适性差 ☐	底盘事故 ☐	轮胎无气压 ☐
	行驶跑偏 ☐	制动液异常 ☐	制动力不足 ☐
	制动踏板沉重 ☐	坡路溜车 ☐	轮胎倾角不正常 ☐
	其他：		

车辆外观检查		车辆内部检查	
凹凸 ☐		污渍 ☐	
划痕 ☐		破损 ☐	
石击 ☐		色斑 ☐	
油漆 ☐		变形 ☐	

明确具体工作任务	

 任务目标

- 能够讲述四轮定位的含义
- 能够正确测量车辆四轮定位数据
- 能够正确使用四轮定位仪
- 能够解答客户关于车轮定位方面的疑问

 任务内容

- 四轮定位参数的测量
- 四轮定位调整

 任务重点

- 四轮定位对车辆的影响
- 四轮定位仪的使用及注意事项

 任务难点

- 实车测量四轮定位数据
- 实车调整四轮定位

一、知识讲解

1. 车轮外倾角的测量与调整

车轮中心平面与垂线之间的夹角称为外倾角，如图9-1所示。其主要作用是减少作用于转向节上的负载，防止车轮滑脱，减少转向操纵力，减少轮胎磨损。

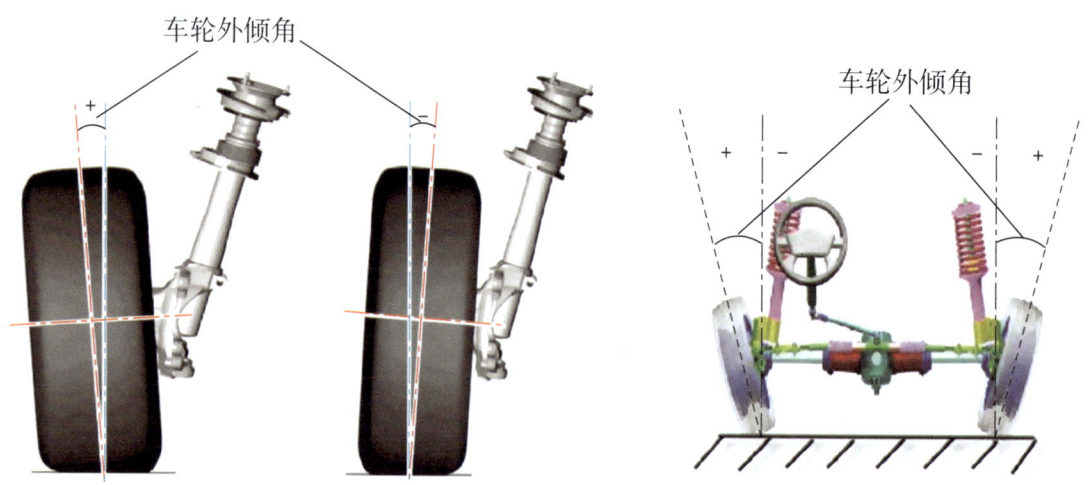

图 9-1　车轮外倾角

2. 前轮前束的测量与调整

前轮前束是指前轮前端面与后端面在汽车横向方向的距离差，也可指车身前进方向

与前轮平面之间的夹角，此时也称为前束角，如图9-2所示。

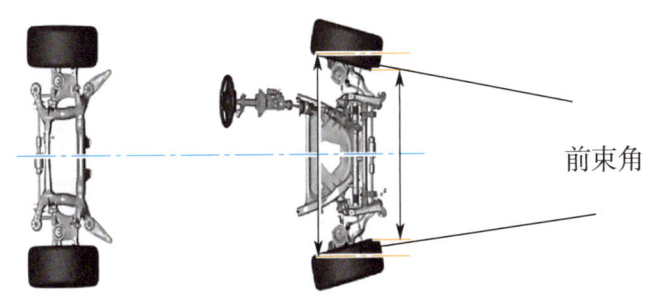

图9-2　前束（前束角）

前端距离大于后端距离为负前束，反之为正前束。总前束是左右两个车轮的前束角之和，以车轮推力线为基准；单独前束是指推力线与单个车轮旋转平面间的夹角。

前束可消除因前轮外倾引起的锥体中心前移造成的"吃胎"现象发生。正前束或负前束太大，轮胎外侧或内侧分别会快速出现锯齿状或块状磨损，同时会导致转向不稳定、直行性差、车轮发抖。

3. 四轮定位调整

四轮定位检测完毕后，如果数据错误，需要进行四轮定位调整。正常情况下，独立悬架和车轮轴承壳体装配后不必调整车轮外倾角。如果发现车轮外倾角因其他原因偏离公差范围，可用独立悬架车轮轴承壳体上的连接螺栓来校正车轮外倾角，如图9-3所示。

前轮前束通过可调式横拉杆调整。其他定位角可以通过调整垫片、大梁槽孔、偏心螺栓、偏心球头、上控制臂、下控制臂等实现，如图9-4所示。

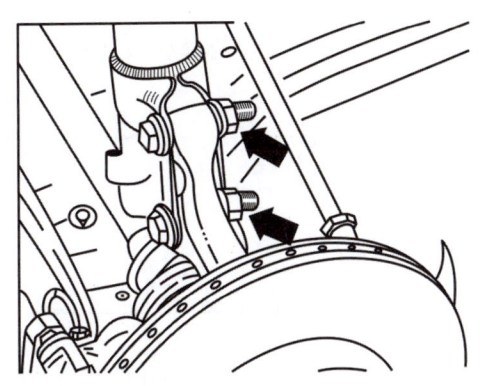

图9-3　车轮外倾角调整

图9-4　四轮定位调整

二、任务准备

在下列图片中勾选出完成本任务所需的物品。

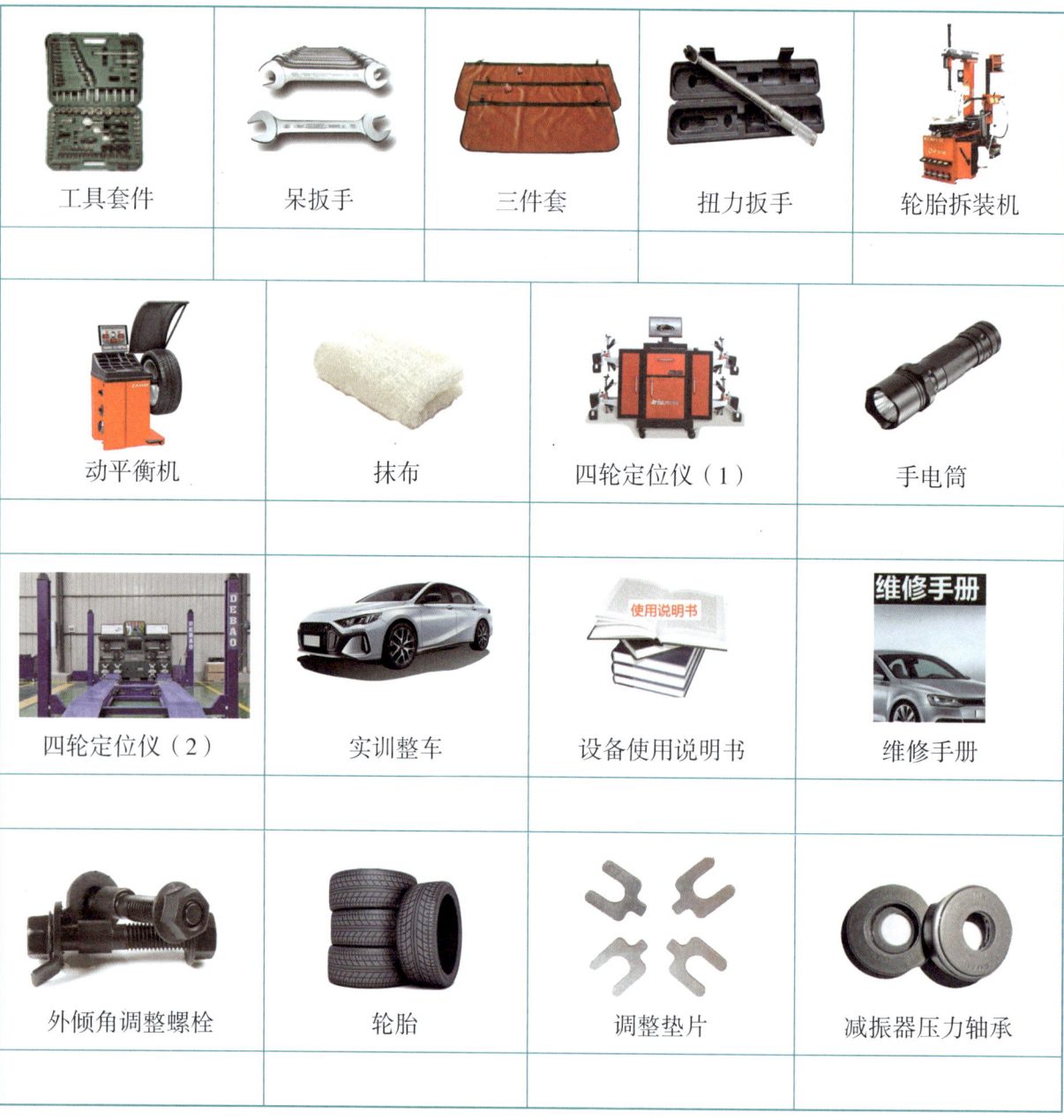

工具套件	呆扳手	三件套	扭力扳手	轮胎拆装机
动平衡机	抹布	四轮定位仪（1）	手电筒	
四轮定位仪（2）	实训整车	设备使用说明书	维修手册	
外倾角调整螺栓	轮胎	调整垫片	减振器压力轴承	

三、防护措施

（1）进入车间应穿工鞋、戴工帽；工作服应整洁，无破损；操作时不可佩戴手表等金属饰品，以防划伤车辆表面，工作时应佩戴手套。

（2）严格按照要求操作四轮定位仪。

（3）举升车辆时，举升机下严禁站人。

（4）车辆停稳，变速器置于空挡位置，拉紧驻车制动器。

观察下列车间操作图片，勾选出操作正确的图片。

	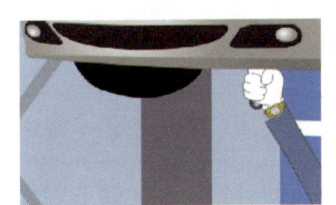	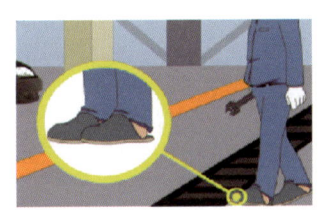

四、任务分配（表9-1）

表9-1　　　　　　　　　　　　任务分配表

职务	代码	姓名	工作内容
组长	A		监督、管理组员工作
组员	B		准备实训所需车辆及零配件
	C		
	D		准备实训所需工具及维修手册
	E		

五、任务实施

（一）操作流程

按表9-2的工作步骤完成任务。

表9-2　　　　　　　　　　　　操作流程

工作步骤	项目	工作内容
1	准备工作	检查四轮定位仪的工作状况是否正常
		检查车辆悬架系统的工作状况是否正常
		检查轮胎、轮辋外观是否正常

续表

工作步骤	项目	工作内容
2	测量四轮定位数据	检查车辆四轮胎压，若胎压不足将胎压补充至规定值；检查四轮轮胎花纹，如同轴花纹不一致或磨损严重，需更换轮胎后再进行四轮定位
		将车辆驶入四轮定位仪测量工位，调整转角盘位置，使前轮停在转角盘正中
		在后轮放置楔形块，举升车辆至规定高度，并挂上保险
		取下四个车轮毂外罩，在轮毂上安装定位仪传感器，并挂上防脱钩
		在定位仪屏幕上选取定位选项，按照电脑提示进行操作，最后定位仪显示出测量后的数据
3	调整前轮前束	按照定位仪数据使用 13 mm 呆扳手转动转向拉杆调整前束值
		调整至规定值后，使用 22 mm 呆扳手紧固转向拉杆螺母
		使用 22 mm 呆扳手松开转向拉杆紧固转向拉杆螺母
4	整理及路试	撤去各车轮传感器卡具，放置于规定位置，并安装轮毂外罩
		降下车辆，取下固定后车轮楔块
		撤去转向盘卡具，关闭定位仪
		将车辆驶出定位仪工位并进行路试
		安装前轮转角盘固定栓和后轮侧滑板固定栓
		整理工具，打扫现场卫生

表 9-3   **实施记录**

序号	项目	检查结果	备注
1	轮胎工作压力	正常 □ 磨损 □	
2	转向节各球头	正常 □ 损坏 □	
3	四轮定位数据	正常 □ 错误 □	

六、检 查

（一）自 检

结合本组任务操作过程，对任务执行过程中的操作规范性进行检查，检查操作过程中是否存在以下问题，在表9-4中勾选检查结果。分析讨论应如何避免，并总结规范性操作方法。

表9-4　　　　　　　　　　　　　自　检

检查项目	检查结果
轮胎是否磨损过度或有裂痕	是□　否□
转向节各球头是否松旷	是□　否□
四轮定位数据是否正确	是□　否□
操作步骤是否正确	是□　否□
组员配合是否默契	是□　否□
工作场地是否清洁，车辆是否复位	是□　否□

（二）互 检

组与组之间相互进行任务操作过程及结果检查，在表9-5中勾选检查结果。

表9-5　　　　　　　　　　　　　互　检

检查项目	检查结果
轮胎是否磨损过度或有裂痕	是□　否□
转向节各球头是否松旷	是□　否□
四轮定位数据是否正确	是□　否□
操作步骤是否正确	是□　否□
是否注重安全生产	是□　否□
工作场地是否清洁，车辆是否复位	是□　否□

七、课堂小结

微课动画

实操视频

钳盘式制动器检查与更换任务工单		
客户信息	姓名	电话
车辆信息	车型　　　　　　VIN　　　　　　行驶里程	
客户描述	转向系统工作不良 □　　制动系统工作不良 □　　行驶系统工作不良 □ 颠簸路面舒适性差 □　　底盘事故 □　　　　　　轮胎无气压 □ 行驶跑偏 □　　　　　　制动液异常 □　　　　　制动力不足 □ 制动踏板沉重 □　　　　坡路溜车 □　　　　　　轮胎倾角不正常 □ 其他： 	

车辆外观检查		车辆内部检查	
凹凸 □		污渍 □	
划痕 □		破损 □	
石击 □		色斑 □	
油漆 □		变形 □	

明确具体 工作任务	

任务目标
- 能够讲述汽车制动器的作用与分类
- 能够正确拆检钳盘式制动器
- 能够正确使用测量工具
- 能够解答客户关于车轮制动方面的疑问

任务内容
- 汽车制动器的作用
- 钳盘式制动器的工作原理
- 钳盘式制动器的拆装

任务重点
- 制动器损坏后对车辆的影响
- 制动器的拆检及注意事项

任务难点
- 钳盘式制动器的拆装步骤
- 钳盘式制动器的检查方法

一、知识讲解

1. 汽车制动器的作用

汽车制动器安装在车轮上，是产生阻碍车辆运动或运动趋势制动力的部件。按结构不同，汽车制动器可分为钳盘式制动器和鼓式制动器两种，如图 10-1 所示。

汽车制动器通过摩擦产生制动力矩，使车轮转速降低或停止。一旦制动器出现严重磨损或损坏等现象，会导致制动效能下降，制动距离变大，增加紧急刹车时发生追尾事故的可能性。

2. 钳盘式制动器的工作原理

钳盘式制动器由制动活塞、制动钳（分泵）、制动盘、制动钳支架、制动片等组成，如图 10-2 所示。

（a）钳盘式制动器

（b）鼓式制动器

10-1　汽车制动器的分类

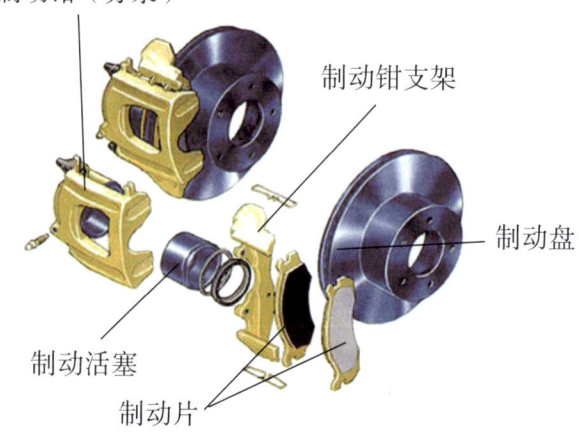

制动钳（分泵）
制动钳支架
制动盘
制动活塞
制动片

图 10-2　钳盘式制动器结构

　　钳盘式制动器根据结构不同又可分为定钳盘式和浮钳盘式两种。定钳盘式制动器在制动盘的两侧都有制动活塞。制动时，两侧活塞同时向制动盘靠近，并对制动盘产生制动力。此种制动器制动力矩大，制动盘左右制动力均衡，磨损均匀。但定钳盘式制动器因其体积较大，不适合在车轮轮毂中间布置，如图10-3所示。

　　浮钳盘式制动器只在制动钳内侧装有一个制动活塞，且制动钳可以在制动钳支架上左右移动，如图10-4所示。本任务故障车采用的就是浮钳盘式制动器。

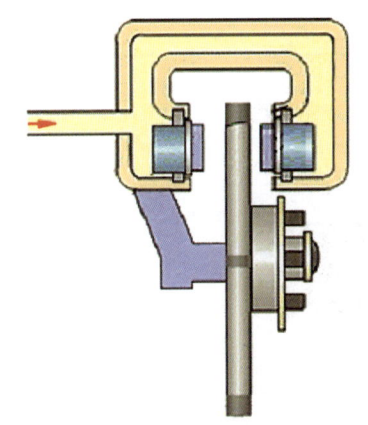

图 10-3　定钳盘式制动器

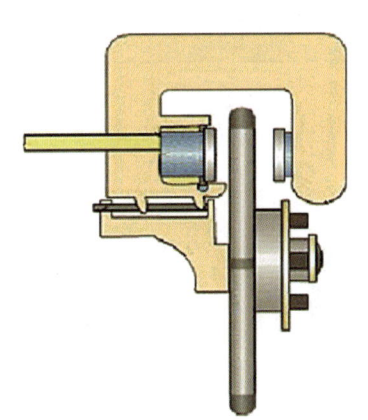

图 10-4　浮钳盘式制动器

　　踩下制动踏板时，制动力通过液压作用将制动液推入制动分泵中，制动活塞在液压作用下向右移动并使左侧制动片与制动盘接触。当制动活塞与制动盘完全接触后，液压油继续进入制动分泵，此时在反作用力下，制动钳向左移动，直到右侧制动片与制动盘完全接触为止，如图10-5所示。

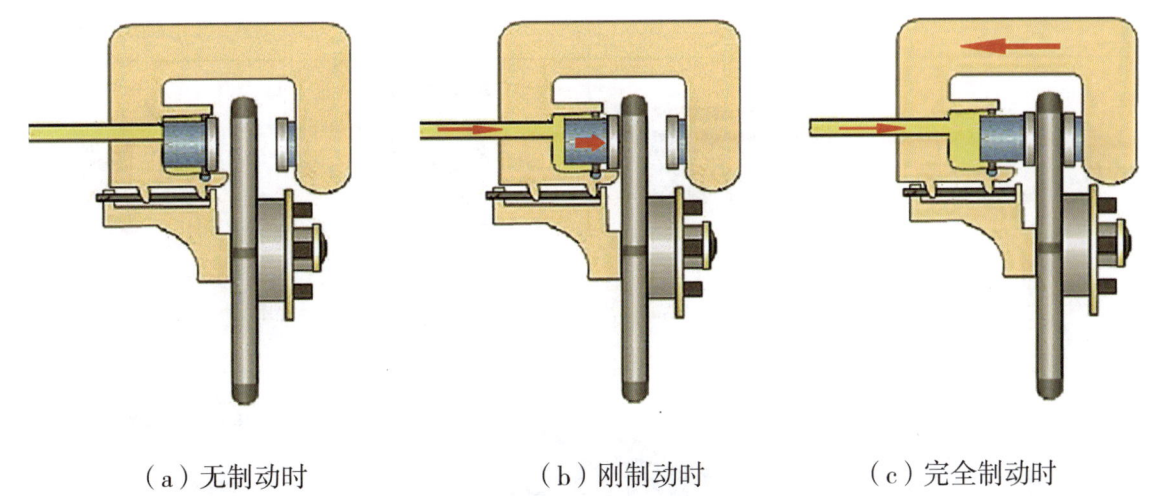

（a）无制动时　　　　　（b）刚制动时　　　　　（c）完全制动时

图 10-5　浮钳盘式制动器工作原理

3. 钳盘式制动器的拆装

（1）拆卸钳盘式制动器。车辆停稳，拉紧驻车制动器，铺设防护用品；拧松轮胎螺栓，摆放举升机举升臂，举升车辆；拆卸轮胎，拆卸前轮制动片。

（2）安装钳盘式制动器。首先安装前轮制动片、制动钳；然后安装车轮，将车辆降至地面；再紧固轮胎螺栓，撤去防护用品；最后路试车辆检查维修结果。

二、任务准备

在下列图片中勾选出完成本任务所需的物品。

 扭力扳手	 外径千分尺	 三件套	 轮胎扳手
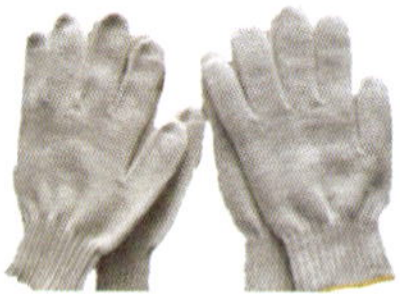 手套	 轮胎拆装机	 冲击旋具	 配件车
抹布	 游标卡尺	 工具套件	 分泵活塞回位器
 举升机	 实训整车	 维修手册	

制动片	制动液	制动盘	制动总泵

三、防护措施

（1）进入车间应穿工鞋、戴工帽；工作服应整洁，无破损；操作时不可佩戴手表等金属饰品，以防划伤车辆表面，工作时应佩戴手套。

（2）举升车辆时，举升机下严禁站人。

（3）车辆停稳，变速器置于空挡位置，拉紧驻车制动器。

观察下列车间操作图片，勾选出操作正确的图片。

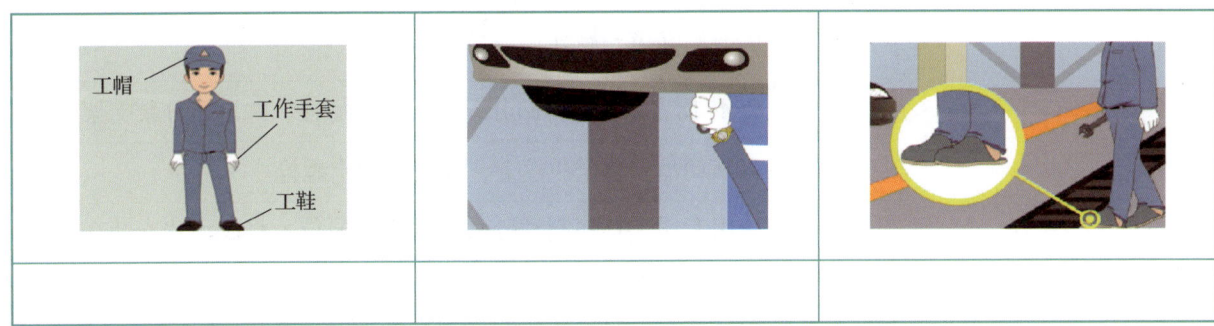

四、任务分配（表 10-1）

表 10-1　　　　　　　　　　　任务分配表

职务	代码	姓名	工作内容
组长	A		监督、管理组员工作
组员	B		准备实训所需车辆及零配件
	C		
	D		准备实训所需工具及维修手册
	E		

五、任务实施

（一）操作流程

补齐表 10-2 并按工作步骤完成任务。

表 10-2 操作步骤

工作步骤	项目	顺序	工作内容
1	准备工作	1	检查举升机的工作状况是否正常
		2	铺设三件套
		3	将车辆停放在举升机的举升位置
		4	准备需要更换的零部件
2	拆装制动器	1	使用一字旋具撬下前轮轮毂外罩，使用轮胎扳手拆卸轮胎螺栓，取下轮胎并放置于轮胎架上
		2	使用一字旋具轻微撬动制动分泵，使用 15 mm 呆扳手与 13 mm 梅花扳手拆卸导向杆固定螺栓
		3	取下制动钳和制动片
			使用 18 mm 套管拆卸分泵支架固定螺栓，并取下分泵支架
			将制动盘安装至法兰上，并安装固定螺栓
			使用专用工具将制动分泵活塞顶回原位，将制动片安装在分泵支架卡槽中
			安装分泵支架，并使用 18 mm 套管紧固螺栓至 135 N·m
			使用 T30 扳手拆卸制动盘固定螺栓，并取下制动盘
		9	将制动分泵安装在分泵架上，使用 15 mm 呆扳手和 13 mm 套管固定螺栓并紧固至 25 N·m
		10	安装轮胎及螺栓并紧固至 110 N·m，安装轮毂外罩，反复踩下制动踏板，直至感觉制动踏板变硬
3	检查制动片	1	检查制动片磨损情况，是否存在烧蚀、沟槽、硬点、偏磨
		2	使用游标卡尺检查制动片厚度，包括衬板的磨损极限为 7 mm
		3	使用抹布擦拭游标卡尺，并归位

续表

工作步骤	项目	顺序	工作内容
4	检查制动盘	1	检查制动盘是否存在裂纹、锈斑、划痕、沟槽、硬点现象
		2	使用千分尺检查制动盘厚度，新制动盘厚度为 12 mm，磨损极限为 10 mm
		3	使用抹布擦拭千分尺，并归位
5	检查制动分泵	1	检查制动分泵活塞是否漏油
		2	检查活塞皮套是否破裂、脏污
		3	检查导向杆活动是否自如、有无卡滞，防尘套有无破损、开裂
6	整理	1	整理工具，打扫现场卫生

（二）实施记录

结合任务实施过程，对照表 10-3 中的检查项目进行检查，并勾选（填写）实际检查结果。

表 10-3 实施记录

序号	检查项目	检查结果	备注
1	制动片厚度		
2	制动盘厚度		
3	制动分泵是否漏油	是 □ 否 □	
4	制动系统工作是否正常	是 □ 否 □	

六、检 查

（一）自 检

结合本组任务操作过程，对任务执行过程中的操作规范性进行检查，检查操作过程中是否存在以下问题，在表 10-4 中勾选检查结果。分析讨论应如何避免，并总结规范的操作方法。

表 10-4 　　　　　　　　　　自　检

检查项目	检查结果
制动片厚度是否正常	是 □　　否 □
制动盘是否过度磨损或有划痕	是 □　　否 □
操作步骤是否正确	是 □　　否 □
组员配合是否默契	是 □　　否 □
工作场地是否清洁，车辆是否复位	是 □　　否 □

（二）互　检

组与组之间相互进行任务操作过程及结果检查，在表 10-5 中勾选检查结果。

表 10-5 　　　　　　　　　　互　检

检查项目	检查结果
制动片厚度是否正常	是 □　　否 □
制动盘是否过度磨损或有划痕	是 □　　否 □
操作步骤是否正确	是 □　　否 □
工作场地是否清洁，车辆是否复位	是 □　　否 □

七、课堂小结

微课动画

实操视频

任务十一 钳盘式制动器检查与更换（二）

钳盘式制动器检查与更换任务工单			
客户信息	姓名		电话
车辆信息	车型	VIN	行驶里程

客户描述	转向系统工作不良 ☐　制动系统工作不良 ☐　行驶系统工作不良 ☐
	颠簸路面舒适性差 ☐　底盘事故 ☐　轮胎无气压 ☐
	行驶跑偏 ☐　制动液异常 ☐　制动力不足 ☐
	制动踏板沉重 ☐　坡路溜车 ☐　轮胎倾角不正常 ☐
	其他：_____ _____

车辆外观检查		车辆内部检查	
凹凸 ☐		污渍 ☐	
划痕 ☐		破损 ☐	
石击 ☐		色斑 ☐	
油漆 ☐		变形 ☐	

明确具体 工作任务	_____ _____ _____

 ● 能够讲述汽车制动器的作用与分类
● 能够正确拆检钳盘式制动器
● 能够正确使用测量工具
● 能够解答客户关于车轮制动方面的疑问

 ● 汽车制动器的作用
● 钳盘式制动器的工作原理
● 钳盘式制动器的检查

 ● 制动器损坏后对车辆的影响
● 制动器的拆检及注意事项

 ● 钳盘式制动器的拆装步骤
● 钳盘式制动器的检查方法

一、知识讲解

车辆经过长时间使用后，制动片与制动盘都会有不同程度的磨损，所以在检查时要重点检查制动片与制动盘的磨损情况。如图 11-1 所示。同时还应检查相关附件是否有机械损伤。

使用游标卡尺测量制动片的厚度，磨损极限为 7 mm，超出极限应更换；使用千分尺测量制动盘的厚度，磨损极限为 10 mm，超出极限应更换。

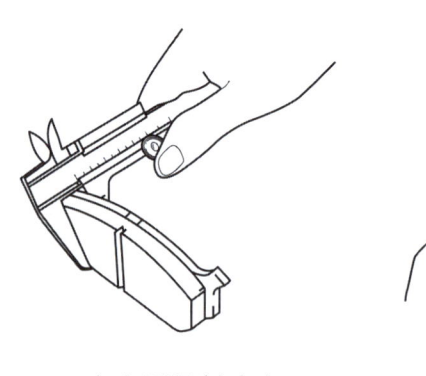

（a）测量制动片　　　　（b）测量制动盘

图 11-1　测量制动片与制动盘

制动盘工作面不得有裂纹、锈斑、划痕、沟槽，否则应成对更换。制动片厚度不符合规定时，同一车桥的制动片应成套更换。

二、任务准备

在下列图片中勾选出完成本任务所需的物品。

 扭力扳手	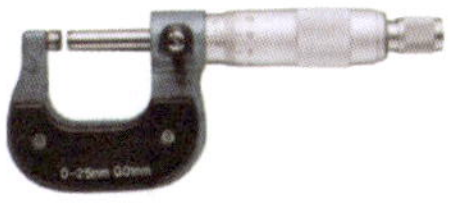 外径千分尺	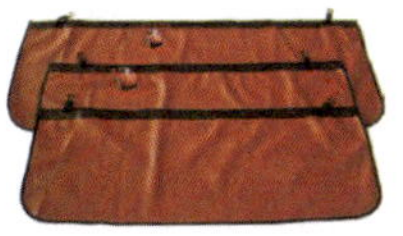 三件套	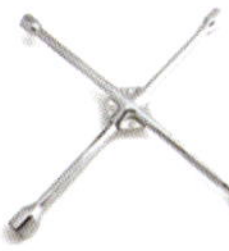 轮胎扳手
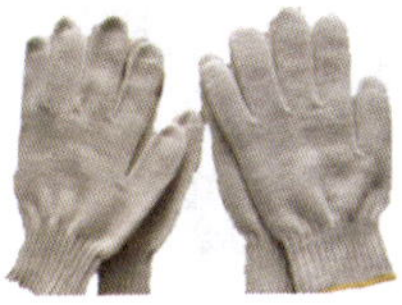 手套	 轮胎拆装机	 冲击旋具	 配件车
 抹布	 游标卡尺	 工具套件	 分泵活塞回位器
 举升机	 实训整车	 维修手册	
 制动片	 制动液	 制动盘	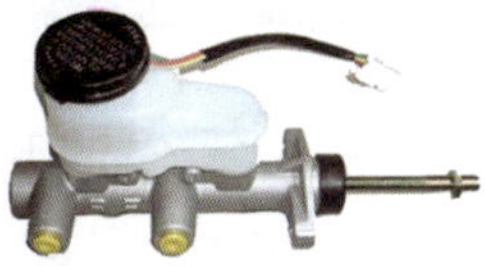 制动总泵

091

三、防护措施

（1）进入车间应穿工鞋、戴工帽；工作服应整洁，无破损；操作时不可佩戴手表等金属饰品，以防划伤车辆表面，工作时应佩戴手套。

（2）举升车辆时，举升机下严禁站人。

（3）车辆停稳，变速器置于空挡位置，拉紧驻车制动器。

观察下列车间操作图片，勾选出操作正确的图片。

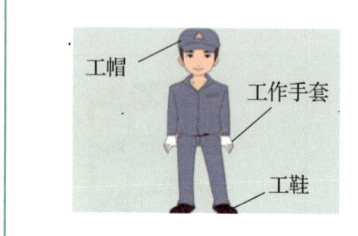 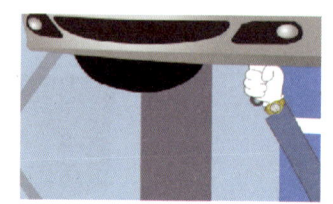 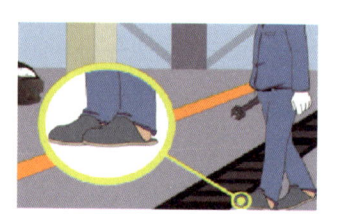

四、任务分配（表 11-1）

表 11-1 　　　　　　　　　任务分配表

职务	代码	姓名	工作内容
组长	A		监督、管理组员工作
组员	B		准备实训所需车辆及零配件
	C		
	D		准备实训所需工具及维修手册
	E		

五、任务实施

（一）操作流程

补齐表 11-2 并按工作步骤完成任务。

表 11-2 操作步骤

工作步骤	项目	顺序	工作内容
1	准备工作	1	检查举升机的工作状况是否正常
		2	铺设三件套
		3	将车辆停放在举升机的举升位置
		4	准备需要更换的零部件
2	拆装制动器	1	使用一字旋具撬下前轮轮毂外罩，使用轮胎扳手拆卸轮胎螺栓，取下轮胎并放置于轮胎架上
		2	使用一字旋具轻微撬动制动分泵，使用 15 mm 呆扳手与 13 mm 梅花扳手拆卸导向杆固定螺栓
		3	取下制动钳和制动片
			使用 18 mm 套管拆卸分泵支架固定螺栓，并取下分泵支架
			将制动盘安装至法兰上，并安装固定螺栓
			使用专用工具将制动分泵活塞顶回原位，将制动片安装在分泵支架卡槽中
			安装分泵支架，并使用 18 mm 套管紧固螺栓至 135 N·m
			使用 T30 扳手拆卸制动盘固定螺栓，并取下制动盘
		9	将制动分泵安装在分泵架上，使用 15 mm 呆扳手和 13 mm 套管固定螺栓并紧固至 25 N·m
		10	安装轮胎及螺栓并紧固至 110 N·m，安装轮毂外罩，反复踩下制动踏板，直至感觉制动踏板变硬
3	检查制动片	1	检查制动片磨损情况，是否存在烧蚀、沟槽、硬点、偏磨
		2	使用游标卡尺检查制动片厚度，包括衬板的磨损极限为 7 mm
		3	使用抹布擦拭游标卡尺，并归位
4	检查制动盘	1	检查制动盘是否存在裂纹、锈斑、划痕、沟槽、硬点现象
		2	使用千分尺检查制动盘厚度，新制动盘厚度为 12 mm，磨损极限为 10 mm
		3	使用抹布擦拭千分尺，并归位
5	检查制动分泵	1	检查制动分泵活塞是否漏油
		2	检查活塞皮套是否破裂、脏污
		3	检查导向杆活动是否自如、有无卡滞，防尘套有无破损、开裂
6	整理	1	整理工具，打扫现场卫生

（二）实施记录

结合任务实施过程，对照表 11-3 中的检查项目进行检查，并勾选（填写）实际检查结果。

表 11-3　　　　　　　　　　　　实施记录

序号	检查项目	检查结果	备注
1	制动片厚度		
2	制动盘厚度		
3	制动分泵是否漏油	是 □　　否 □	
4	制动系统工作是否正常	是 □　　否 □	

六、检 查

（一）自 检

结合本组任务操作过程，对任务执行过程中的操作规范性进行检查，检查操作过程中是否存在以下问题，在表 11-4 中勾选检查结果。分析讨论应如何避免，并总结规范的操作方法。

表 11-4　　　　　　　　　　　　自 检

检查项目	检查结果
制动片厚度是否正常	是 □　　否 □
制动盘是否过度磨损或有划痕	是 □　　否 □
操作步骤是否正确	是 □　　否 □
组员配合是否默契	是 □　　否 □
工作场地是否清洁，车辆是否复位	是 □　　否 □

（二）互 检

组与组之间相互进行任务操作过程及结果检查，在表 11-5 中勾选检查结果。

表 11-5　　　　　　　　　　　　　互　检

检查项目	检查结果
制动片厚度是否正常	是 □　　否 □
制动盘是否过度磨损或有划痕	是 □　　否 □
操作步骤是否正确	是 □　　否 □
工作场地是否清洁，车辆是否复位	是 □　　否 □

七、课堂小结

微课动画

实操视频

任务十二 鼓式制动器检查与更换（一）

鼓式制动器检查与更换任务工单			
客户信息	姓名		电话
车辆信息	车型	VIN	行驶里程

<table>
<tr>
<td rowspan="5">客户描述</td>
<td>转向系统工作不良 □</td>
<td>制动系统工作不良 □</td>
<td>行驶系统工作不良 □</td>
</tr>
<tr>
<td>颠簸路面舒适性差 □</td>
<td>底盘事故 □</td>
<td>轮胎无气压 □</td>
</tr>
<tr>
<td>行驶跑偏 □</td>
<td>制动液异常 □</td>
<td>制动力不足 □</td>
</tr>
<tr>
<td>制动踏板沉重 □</td>
<td>坡路溜车 □</td>
<td>轮胎倾角不正常 □</td>
</tr>
<tr>
<td colspan="3">其他：</td>
</tr>
</table>

车辆外观检查		车辆内部检查	
凹凸 □		污渍 □	
划痕 □		破损 □	
石击 □		色斑 □	
油漆 □		变形 □	

明确具体工作任务	

● 能够讲述鼓式制动器的组成
● 能够正确拆检鼓式制动器
● 能够正确使用测量工具
● 能够解答客户关于车轮制动方面的疑问

● 鼓式制动器的组成
● 鼓式制动器的工作原理
● 鼓式制动器的拆装

● 鼓式制动器的工作原理
● 鼓式制动器的拆检及注意事项

● 鼓式制动器的拆装步骤
● 鼓式制动器的检查方法

一、知识讲解

1. 鼓式制动器的组成

鼓式制动器一般安装在后轮上，如图 12-1 所示。

图 12-1　鼓式制动器

鼓式制动器由制动鼓、制动底板、制动蹄和定位调整机构等组成，如图 12-2 所示。当车辆制动时，制动蹄受到制动力的作用张开，与制动鼓的内表面发生摩擦，产生阻碍车轮运动的力矩，使车轮减速。

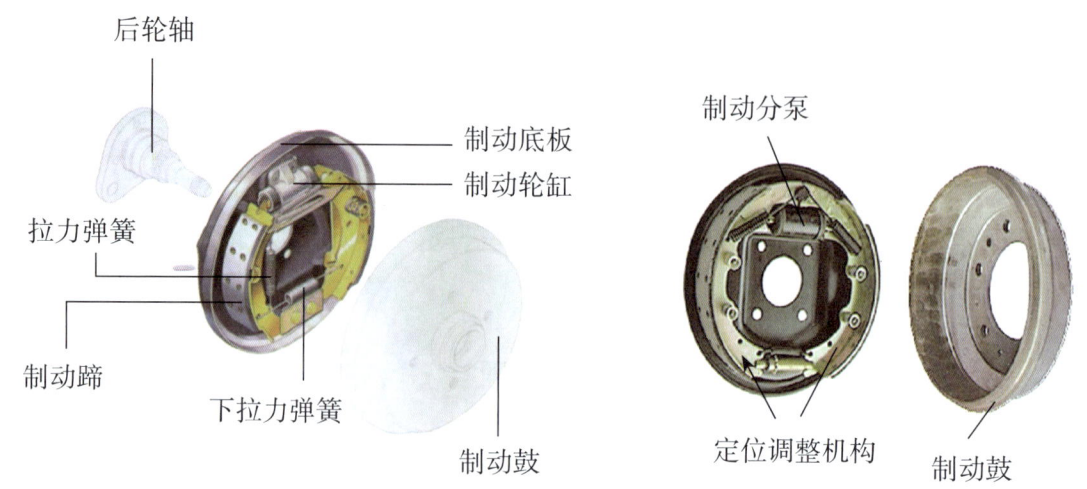

后轮轴

制动底板

制动轮缸

制动分泵

拉力弹簧

制动蹄

下拉力弹簧

制动鼓

定位调整机构

制动鼓

图 12-2　鼓式制动器的结构

2. 鼓式制动器的工作原理

制动鼓固定在车轮上随车轮转动，分泵在制动器的底板上固定不动，两个制动片分别装在制动底板的两侧。踩制动踏板时，推动制动主缸的活塞运动，进而在油路中产生压力，制动液将压力传递到车轮的制动轮缸推动活塞，活塞推动制动蹄压向制动鼓内侧从而产生制动力，如图 12-3 所示。

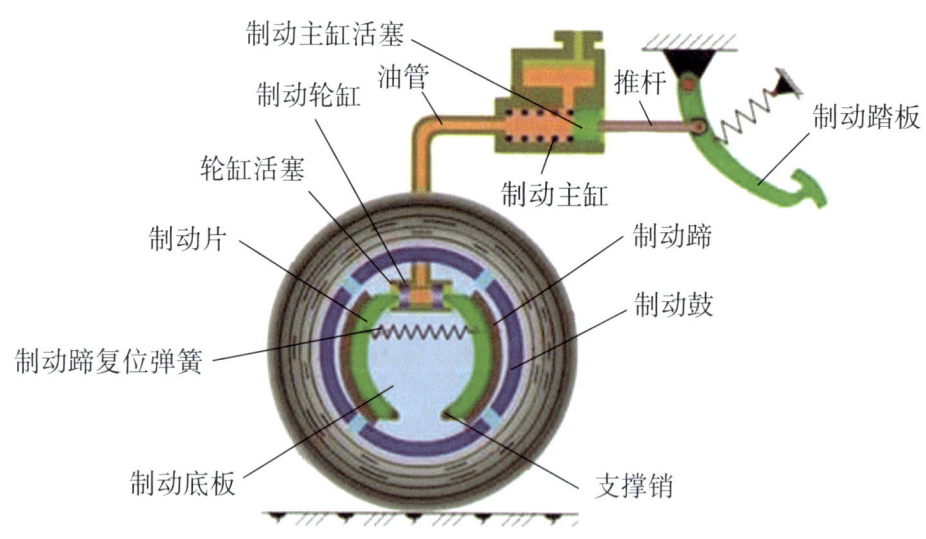

制动主缸活塞

制动轮缸

油管

轮缸活塞

制动片

制动蹄复位弹簧

制动底板

推杆

制动踏板

制动主缸

制动蹄

制动鼓

支撑销

图 12-3　鼓式制动器的工作原理

3.鼓式制动器的拆装

（1）拆卸鼓式制动器

拆卸鼓式制动器步骤如图12-4所示。

（a）检查制动鼓、制动片及其他附件

（b）拆卸后轮制动片

（c）拆卸轮胎，拆卸后轮制动毂

（d）车辆停稳，拉紧驻车制动器，铺设防护用品，松开轮胎螺栓

图 12-4　拆卸鼓式制动器步骤

（2）安装鼓式制动器

首先安装制动鼓和轮胎，然后将车辆降至地面紧固轮胎螺栓，撤去防护用品，路试车辆检查维修结果。

二、任务准备

在下列图片中勾选出完成本任务所需的物品。

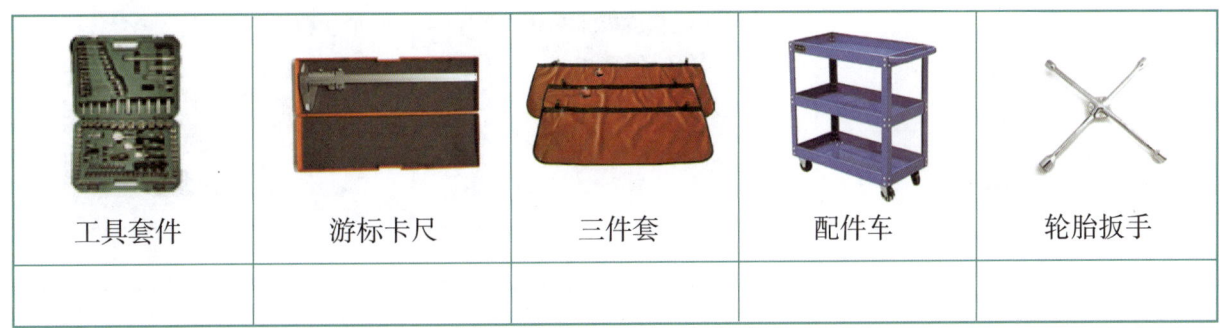

工具套件	游标卡尺	三件套	配件车	轮胎扳手

 砂纸	 抹布	 分泵活塞回位器	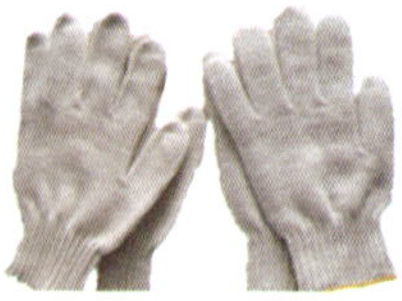 手套

 举升机	 实训整车	 维修手册	 鲤鱼钳	 尖嘴钳

 制动鼓	 制动液	 制动蹄片	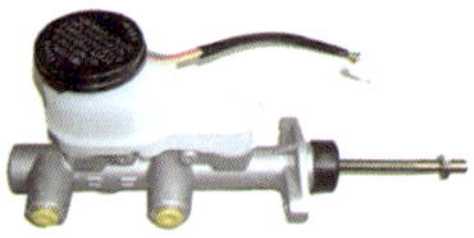 制动总泵

三、防护措施

（1）进入车间应穿工鞋、戴工帽；工作服应整洁，无破损；操作时不可佩戴手表等金属饰品，以防划伤车辆表面，工作时应佩戴手套。

（2）举升车辆时，举升机下严禁站人。

（3）车辆停稳，变速器置于空挡位置，拉紧驻车制动器。

观察下列车间操作图片，勾选出操作正确的图片。

	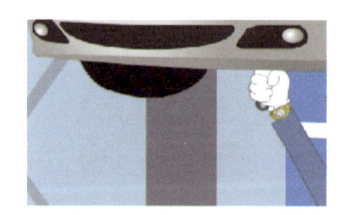	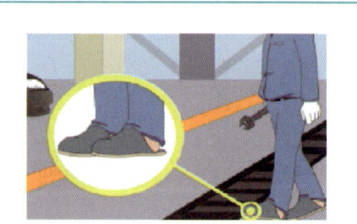

四、任务分配（表 12-1）

表 12-1　　　　　　　　　　　　　任务分配表

职务	代码	姓名	工作内容
组长	A		监督、管理组员工作
组员	B		准备实训所需车辆及零配件
	C		
	D		准备实训所需工具及维修手册
	E		

五、任务实施

（一）操作流程

补齐表 12-2 并按工作步骤完成任务。

表 12-2　　　　　　　　　　　　　操作流程

工作步骤	项目	顺序	工作内容
1	准备工作	1	检查举升机的工作状况是否正常
		2	铺设三件套
		3	将车辆停放在举升机的举升位置
		4	准备需要更换的零部件
2	拆装制动器	1	使用一字旋具撬下后轮轮毂外罩，使用轮胎扳手拆卸轮胎螺栓，取下轮胎放置于轮胎架上
		2	使用 T30 扳手拆下制动鼓的固定螺栓，取下制动鼓
		3	使用一字旋具释放制动蹄片下方固定点，并用鲤鱼钳取下回位弹簧
			将推杆及制动蹄片放置在台虎钳上锁死，使用一字旋具拆卸推杆的回位弹簧，并取下弹簧、制动蹄片、调整垫片，松开台虎钳，取下推杆
			使用尖嘴钳拆卸调整垫片的回位弹簧，并用一字旋具拆卸推杆的回位弹簧，使用鲤鱼钳拆卸制动蹄片的固定锁片及弹簧

续表

工作步骤	项目	顺序	工作内容
2	拆装制动器		将推杆放置在台虎钳上锁死，依次放入调整垫片、制动蹄片，使用一字旋具安装推杆回位弹簧
			将驻车制动拉线从连接杆上拆下，转换制动蹄片角度，取下右侧制动蹄片，再取下左侧制动蹄片及推杆
		8	安装左侧制动蹄片及推杆，转动角度安装右侧制动蹄片，并连接驻车制动拉线与连接杆，使用鲤鱼钳安装制动蹄片的固定弹簧及锁片
		9	使用一字旋具安装推杆的回位弹簧，并用尖嘴钳安装调整垫片的回位弹簧，使用鲤鱼钳安装制动蹄片的回位弹簧，并用一字旋具将制动蹄片下方安装回固定点
		10	安装制动鼓，并使用 T30 扳手紧固固定螺栓，安装轮胎，按 110 N·m 的力矩紧固螺栓，最后安装轮毂外罩
3	调整驻车制动器	1	拆卸驻车制动手柄下方饰板
		2	用力踩一次制动踏板，把驻车制动手柄拉过 4 个棘齿
		3	拧紧调整螺母，直到用手转不动两个车轮为止
		4	松开驻车制动器，检查两个车轮是否转动自如
		5	安装驻车制动手柄下方饰板
4	检查制动蹄片	1	检查制动蹄片磨损情况，看是否存在烧蚀、沟槽、硬点、偏磨现象
		2	使用游标卡尺检查制动片厚度，分别在 3 个点测量，磨损极限为 2.5 mm
		3	检查回位弹簧弹力
5	检查制动鼓	1	使用游标卡尺检查制动鼓磨损情况，分别在轮鼓 3 个点上测量，标准值为 200 mm，磨损极限为 201 mm
		2	检查制动鼓磨损情况，看是否存在烧蚀、沟槽、硬点现象
6	检查制动轮缸	1	检查制动轮缸是否漏油
		2	查制动轮缸皮套是否破裂、脏污
		3	用手指捏动制动轮缸两侧活塞，检查其活动是否顺滑、无阻滞
7	整理	1	整理工具，打扫现场卫生

（二）实施记录

结合任务实施过程，对照表12-3中的检查项目进行检查，并勾选（填写）实际检查结果。

表12-3 实施记录

序号	检查项目	检查结果	备注
1	制动蹄片厚度		
2	制动鼓内径		
3	制动轮缸是否漏油	是□ 否□	
4	制动系统工作是否正常	是□ 否□	

六、检 查

（一）自 检

结合本组任务操作过程，对任务执行过程中的操作规范性进行检查，检查操作过程中是否存在以下问题，在表12-4中勾选检查结果。分析讨论应如何避免，并总结规范的操作方法。

表12-4 自 检

检查项目	检查结果
制动蹄片厚度是否正常	是□ 否□
制动鼓是否过度磨损或有划痕	是□ 否□
操作步骤是否正确	是□ 否□
车辆制动是否正常	是□ 否□
组员配合是否默契	是□ 否□
工作场地是否清洁，车辆是否复位	是□ 否□

（二）互 检

组与组之间相互进行任务操作过程及结果检查，在表12-5中勾选检查结果。

表 12-5   互　检

检查项目	检查结果
制动蹄片厚度是否正常	是 ☐　　否 ☐
制动鼓是否过度磨损或有划痕	是 ☐　　否 ☐
操作步骤是否正确	是 ☐　　否 ☐
车辆制动是否正常	是 ☐　　否 ☐
工作场地是否清洁，车辆是否复位	是 ☐　　否 ☐

七、课堂小结

微课动画

实操视频

任务十三 鼓式制动器检查与更换（二）

鼓式制动器检查与更换任务工单		
客户信息	姓名	电话
车辆信息	车型　　　　　　　　　VIN　　　　　　　　　行驶里程	

客户描述	转向系统工作不良 ☐　　制动系统工作不良 ☐　　行驶系统工作不良 ☐ 颠簸路面舒适性差 ☐　　底盘事故 ☐　　　　　轮胎无气压 ☐ 行驶跑偏 ☐　　　　　　制动液异常 ☐　　　　制动力不足 ☐ 制动踏板沉重 ☐　　　　坡路溜车 ☐　　　　　轮胎倾角不正常 ☐ 其他：_____ _____

车辆外观检查		车辆内部检查	
凹凸 ☐		污渍 ☐	
划痕 ☐		破损 ☐	
石击 ☐		色斑 ☐	
油漆 ☐		变形 ☐	

明确具体工作任务	_____ _____ _____

能够讲述鼓式制动器的组成

能够正确拆检鼓式制动器

能够正确使用测量工具

能够解答客户关于车轮制动方面的疑问

鼓式制动器的检查

鼓式制动器的工作原理

鼓式制动器的拆检及注意事项

鼓式制动器的拆装步骤

鼓式制动器的检查方法

一、知识讲解

在检查鼓式制动器时需要使用游标卡尺检查制动蹄片厚度。测量数值必须与维修手册标准数值作对比，制动蹄片厚度最大为 2.5 mm，如检查结果不符合要求则更换制动蹄片。

使用游标卡尺检查制动鼓的内径，如图 13-1 所示，制动鼓内径最大为 181 mm，如不符合要求需更换。检查制动鼓表面，不得有裂纹、锈斑、划痕、沟槽，如有应更换。

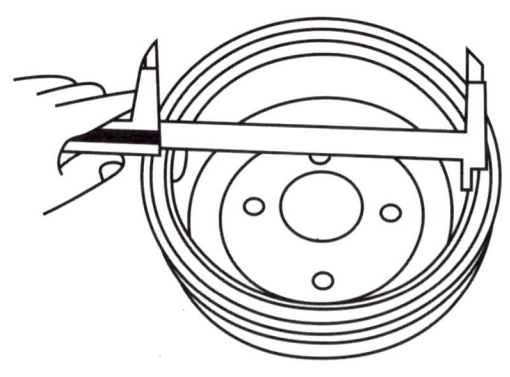

图 13-1　制动鼓测量

二、任务准备

在下列图片中勾选出完成本任务所需的物品。

 工具套件	 游标卡尺	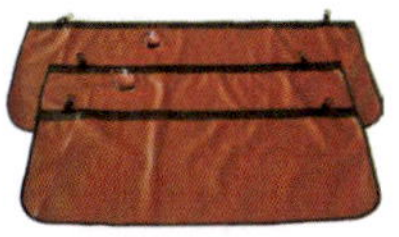 三件套	 配件车	 轮胎扳手
 砂纸	 抹布	 分泵活塞回位器	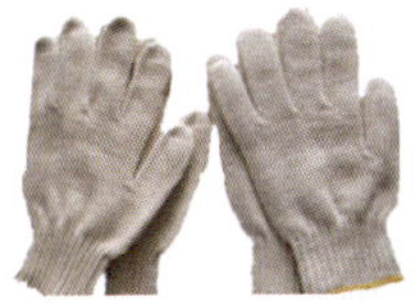 手套	
 举升机	 实训整车	 维修手册	 鲤鱼钳	 尖嘴钳
 制动鼓	 制动液	 制动蹄片	 制动总泵	

三、防护措施

（1）进入车间应穿工鞋、戴工帽；工作服应整洁，无破损；操作时不可佩戴手表等金属饰品，以防划伤车辆表面，工作时应佩戴手套。

（2）举升车辆时，举升机下严禁站人。

（3）车辆停稳，变速器置于空挡位置，拉紧驻车制动器。

观察下列车间操作图片，勾选出操作正确的图片。

	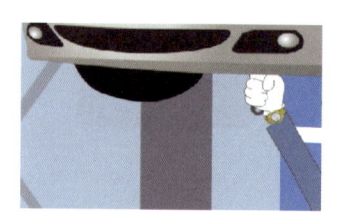	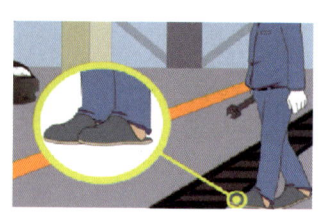

四、任务分配（表 13-1）

表 13-1 　　　　　　　　　　　　　　任务分配表

职务	代码	姓名	工作内容
组长	A		监督、管理组员工作
组员	B		准备实训所需车辆及零配件
	C		
	D		准备实训所需工具及维修手册
	E		

五、任务实施

（一）操作流程

补齐表 13-2 并按工作步骤完成任务。

表 13-2 　　　　　　　　　　　　　　操作流程

工作步骤	项目	顺序	工作内容
1	准备工作	1	检查举升机的工作状况是否正常
		2	铺设三件套
		3	将车辆停放在举升机的举升位置
		4	准备需要更换的零部件

续表

工作步骤	项目	顺序	工作内容
2	拆装制动器	1	使用一字旋具撬下后轮轮毂外罩，使用轮胎扳手拆卸轮胎螺栓，取下轮胎放置于轮胎架上
		2	使用 T30 扳手拆下制动鼓的固定螺栓，取下制动鼓
		3	使用一字旋具释放制动蹄片下方固定点，并用鲤鱼钳取下回位弹簧
			将推杆及制动蹄片放置在台虎钳上锁死，使用一字旋具拆卸推杆的回位弹簧，并取下弹簧、制动蹄片、调整垫片，松开台虎钳，取下推杆
			使用尖嘴钳拆卸调整垫片的回位弹簧，并用一字旋具拆卸推杆的回位弹簧，使用鲤鱼钳拆卸制动蹄片的固定锁片及弹簧
			将推杆放置在台虎钳上锁死，依次放入调整垫片、制动蹄片，使用一字旋具安装推杆回位弹簧
			将驻车制动拉线从连接杆上拆下，转换制动蹄片角度，取下右侧制动蹄片，再取下左侧制动蹄片及推杆
		8	安装左侧制动蹄片及推杆，转动角度安装右侧制动蹄片，并连接驻车制动拉线与连接杆，使用鲤鱼钳安装制动蹄片的固定弹簧及锁片
		9	使用一字旋具安装推杆的回位弹簧，并用尖嘴钳安装调整垫片的回位弹簧，使用鲤鱼钳安装制动蹄片的回位弹簧，并用一字旋具将制动蹄片下方安装回固定点
		10	安装制动鼓，并使用 T30 扳手紧固固定螺栓，安装轮胎，按 110 N·m 的力矩紧固螺栓，最后安装轮毂外罩
3	调整驻车制动器	1	拆卸驻车制动手柄下方饰板
		2	用力踩一次制动踏板，把驻车制动手柄拉过 4 个棘齿
		3	拧紧调整螺母，直到用手转不动两个车轮为止
		4	松开驻车制动器，检查两个车轮是否转动自如
		5	安装驻车制动手柄下方饰板
4	检查制动蹄片	1	检查制动蹄片磨损情况，看是否存在烧蚀、沟槽、硬点、偏磨现象
		2	使用游标卡尺检查制动片厚度，分别在 3 个点测量，磨损极限为 2.5 mm
		3	检查回位弹簧弹力

工作步骤	项目	顺序	工作内容
5	检查制动鼓	1	使用游标卡尺检查制动鼓磨损情况，分别在轮鼓3个点上测量，标准值为200 mm，磨损极限为201 mm
		2	检查制动鼓磨损情况，看是否存在烧蚀、沟槽、硬点现象
6	检查制动轮缸	1	检查制动轮缸是否漏油
		2	查制动轮缸皮套是否破裂、脏污
		3	用手指捏动制动轮缸两侧活塞，检查其活动是否顺滑、无阻滞
7	整理	1	整理工具，打扫现场卫生

（二）实施记录

结合任务实施过程，对照表13-3中的检查项目进行检查，并勾选（填写）实际检查结果。

表 13-3   实施记录

序号	检查项目	检查结果	备注
1	制动蹄片厚度		
2	制动鼓内径		
3	制动轮缸是否漏油	是□ 否□	
4	制动系统工作是否正常	是□ 否□	

六、检 查

（一）自 检

结合本组任务操作过程，对任务执行过程中的操作规范性进行检查，检查操作过程中是否存在以下问题，在表13-4中勾选检查结果。分析讨论应如何避免，并总结规范的操作方法。

表 13-4   自   检

检查项目	检查结果
制动蹄片厚度是否正常	是 □ 否 □
制动鼓是否过度磨损或有划痕	是 □ 否 □
操作步骤是否正确	是 □ 否 □
车辆制动是否正常	是 □ 否 □
组员配合是否默契	是 □ 否 □
工作场地是否清洁，车辆是否复位	是 □ 否 □

（二）互　检

组与组之间相互进行任务操作过程及结果检查，在表 13-5 中勾选检查结果。

表 13-5   互   检

检查项目	检查结果
制动蹄片厚度是否正常	是 □ 否 □
制动鼓是否过度磨损或有划痕	是 □ 否 □
操作步骤是否正确	是 □ 否 □
车辆制动是否正常	是 □ 否 □
工作场地是否清洁，车辆是否复位	是 □ 否 □

七、课堂小结

微课动画

实操视频

制动总泵更换及常规制动排气任务工单			
客户信息	姓名		电话
车辆信息	车型	VIN	行驶里程
客户描述	转向系统工作不良 □　　制动系统工作不良 □　　行驶系统工作不良 □ 颠簸路面舒适性差 □　　底盘事故 □　　　　轮胎无气压 □ 行驶跑偏 □　　　　　制动液异常 □　　　轮胎倾角不正常 □ 制动踏板沉重 □　　　坡路溜车 □　　　　制动力不足 □ 其他： ＿＿＿＿＿＿＿＿＿＿＿＿＿＿＿＿＿＿＿＿＿＿＿＿＿＿ ＿＿＿＿＿＿＿＿＿＿＿＿＿＿＿＿＿＿＿＿＿＿＿＿＿＿		

车辆外观检查		车辆内部检查	
凹凸 □		污渍 □	
划痕 □		破损 □	
石击 □		色斑 □	
油漆 □		变形 □	

明确具体 工作任务	＿＿＿＿＿＿＿＿＿＿＿＿＿＿＿＿＿＿＿＿＿＿＿＿＿＿＿＿＿ ＿＿＿＿＿＿＿＿＿＿＿＿＿＿＿＿＿＿＿＿＿＿＿＿＿＿＿＿＿ ＿＿＿＿＿＿＿＿＿＿＿＿＿＿＿＿＿＿＿＿＿＿＿＿＿＿＿＿＿

- 能够正确更换制动总泵
- 能够正确完成制动系统常规排气
- 能够解答客户关于制动总泵方面的疑问

- 制动总泵的作用
- 制动总泵的更换

- 正确使用专用工具进行制动总泵的更换
- 制动系统常规排气

- 制动总泵的拆装步骤
- 制动系统常规排气方法

一、知识讲解

1. 制动总泵的作用

制动总泵安装在发动机舱内，位于真空助力器前方。制动总泵也被称为制动主缸，可将外界输入的机械能转换成液压能，把驾驶员施加给踏板的力放大之后通过管路输送给制动轮缸，最后通过制动轮缸操纵制动器对车轮施加制动力，如图14-1所示。

图14-1 制动总泵

制动总泵出现故障会导致系统无法将机械能转化为液压能或转化能力下降，这将严重降低汽车制动能力，降低车辆的行驶安全性，此时必须更换制动总泵，并且为保证制动系统正常工作，在更换完成后需进行制动系统排气。

2.制动总泵的更换

（a）制动系统排气

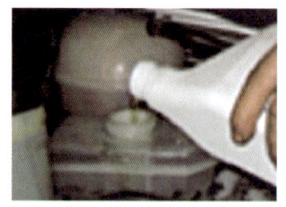

（b）添加制动液

（c）更换制动总泵

（d）排放制动液，拆卸制动总泵

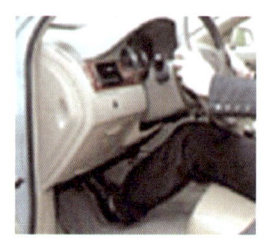

（e）踩踏制动踏板

图 14-2　更换制动总泵步骤

二、任务准备

在下列图片中勾选出完成本任务所需的物品。

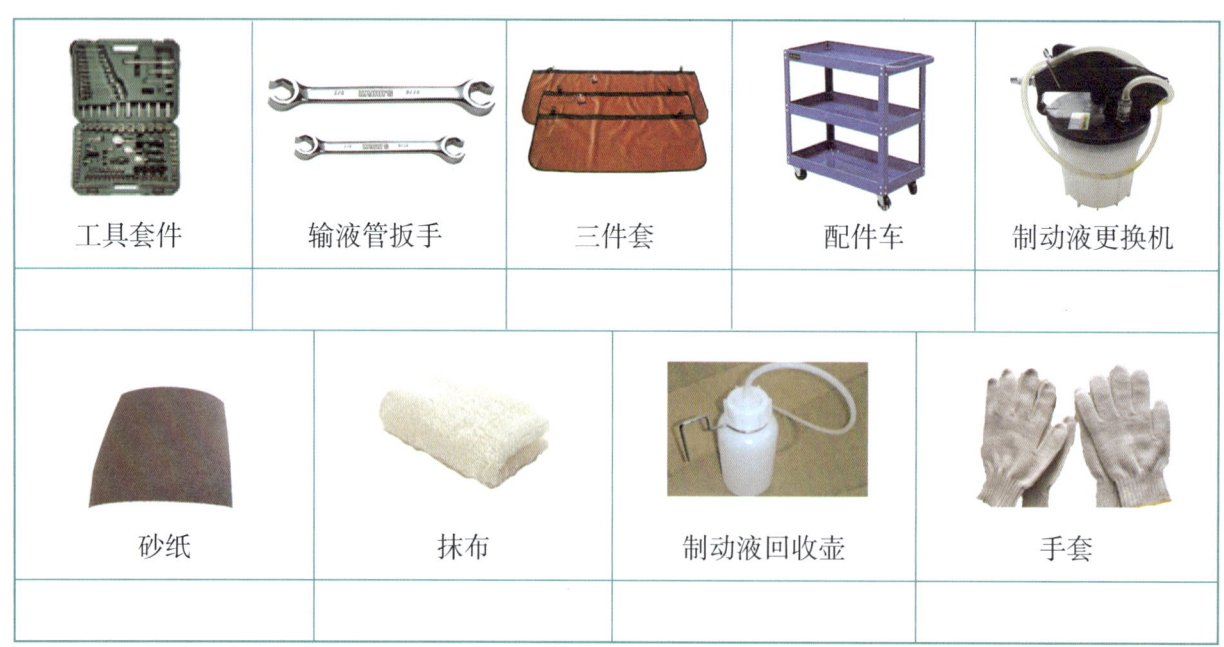

工具套件	输液管扳手	三件套	配件车	制动液更换机
砂纸	抹布	制动液回收壶	手套

举升机	实训整车	维修手册
制动总泵	制动液	制动蹄片	真空助力泵

三、防护措施

（1）进入车间应穿工鞋、戴工帽；工作服应整洁，无破损；操作时不可佩戴手表等金属饰品，以防划伤车辆表面，工作时应佩戴手套。

（2）举升车辆时，举升机下严禁站人。

（3）制动液具有腐蚀性，要做好安全防护，皮肤、车漆表面以及轮胎表面等部位避免粘上制动液。

（4）车辆停稳，变速器置于空挡位置，拉紧驻车制动器。

观察下列车间操作图片，勾选出操作正确的图片。

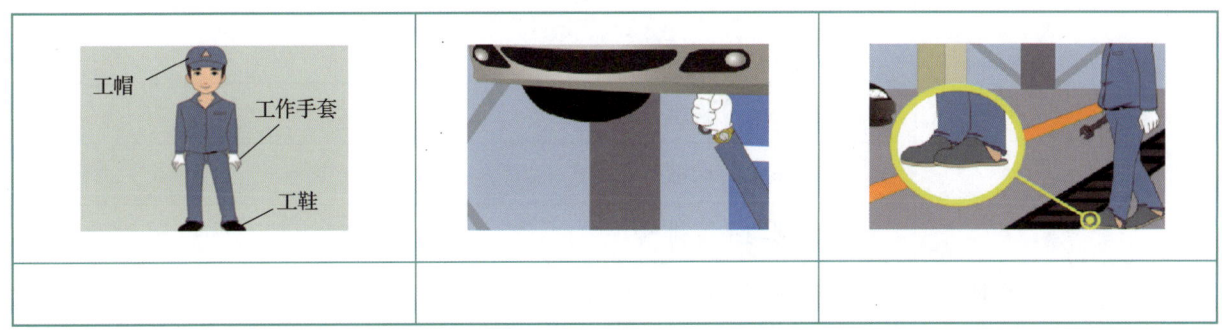

四、任务分配（表14-1）

表14-1　　　　　　　　　　　　任务分配表

职务	代码	姓名	工作内容
组长	A		监督、管理组员工作
组员	B		准备实训所需车辆及零配件
	C		
	D		准备实训所需工具及维修手册
	E		

五、任务实施

（一）操作流程

补齐表14-2并按工作步骤完成任务。

表14-2　　　　　　　　　　　　操作流程

工作步骤	项目	顺序	工作内容
1	准备工作	1	检查举升机的工作状况是否正常
		2	铺设三件套
		3	将车辆停放在举升机的举升位置
		4	准备需要更换的零部件
2	拆装制动器	1	排放制动液，拆卸制动总泵
		2	安装新的制动总泵
		3	安装制动管路
			路试检验维修结果
			添加制动液
			制动系统排气
3	整理	1	整理工具，打扫现场卫生

（二）实施记录

结合任务实施过程，对照表 14-3 中的检查项目进行检查，并勾选实际检查结果。

表 14-3　　　　　　　　　　实施记录

序号	检查项目	检查结果		备注
1	制动液的液位	正常 □	缺失 □	
2	制动液质量	正常 □	变质 □	
3	制动管路	正常 □	漏油 □	
4	制动系统工作性能	正常 □	较差 □	

六、检 查

（一）自 检

结合本组任务操作过程，对任务执行过程中的操作规范性进行检查，检查操作过程中是否存在以下问题，在表 14-4 中勾选检查结果。分析讨论应如何避免，并总结规范的操作方法。

表 14-4　　　　　　　　　　自 检

检查项目	检查结果	
制动液是否正常	是 □	否 □
制动管路是否正常	是 □	否 □
制动总泵更换步骤是否正确	是 □	否 □
制动系统排气是否正确	是 □	否 □
组员配合是否默契	是 □	否 □
工作场地是否清洁，车辆是否复位	是 □	否 □

（二）互 检

组与组相互之间进行任务操作过程及结果检查，在表 14-5 中勾选检查结果。

表 14-5　　　　　　　　　　　互　检

检查项目	检查结果
制动液是否正常	是 ☐　　否 ☐
制动管路是否正常	是 ☐　　否 ☐
制动总泵更换步骤是否正确	是 ☐　　否 ☐
制动系统排气是否正确	是 ☐　　否 ☐
工作场地是否清洁，车辆是否复位	是 ☐　　否 ☐

七、课堂小结

微课动画

实操视频

任务十五 制动总泵更换及常规制动排气（二）

制动总泵更换及常规制动排气任务工单		
客户信息 姓名 电话		

车辆信息	车型	VIN	行驶里程

客户描述	转向系统工作不良 ☐ 制动系统工作不良 ☐ 行驶系统工作不良 ☐ 颠簸路面舒适性差 ☐ 底盘事故 ☐ 轮胎无气压 ☐ 行驶跑偏 ☐ 制动液异常 ☐ 制动力不足 ☐ 制动踏板沉重 ☐ 坡路溜车 ☐ 轮胎倾角不正常 ☐ 其他： _____ _____

车辆外观检查		车辆内部检查	
凹凸 ☐		污渍 ☐	
划痕 ☐		破损 ☐	
石击 ☐		色斑 ☐	
油漆 ☐		变形 ☐	

明确具体 工作任务	_____ _____ _____

 **任务目标**
- 能够正确更换制动总泵
- 能够正确完成制动系统常规排气
- 能够解答客户关于制动总泵方面的疑问

 **任务内容**
- 制动系统排气

 **任务重点**
- 正确使用专用工具进行制动总泵的更换
- 制动系统常规排气

 **任务难点**
- 制动总泵的拆装步骤
- 制动系统常规排气方法

一、知识讲解

在拆装制动总泵时，制动管路中难免会进入空气。由于空气的可压缩性，会导致制动力减小。空气越多，制动效果越差，严重时会出现制动踏板缓慢下沉的现象，所以更换完制动总泵后必须及时将制动管路中的空气排出。制动系统排气步骤见表15-1。

表 15-1　　　　　　　　　　　制动系统排气步骤

操作项目	工作内容
制动总泵排气	将制动液加注进储液罐至上限，在制动总泵下方放置抹布
制动总泵排气	车内人员踩下制动踏板，反复几次后踩住不动，车外人员使用扳手松开制动总泵其中一根输液管的紧固螺母，使制动液流出，然后锁紧螺母
制动总泵排气	重复上述操作 3~5 次，换另一根输液管
制动总泵排气	操作时注意持续加注制动液，始终保持液面在储液罐上限位置
制动分泵排气	取下右后轮制动分泵放气螺栓上的防尘帽，并将 7 mm 梅花扳手装在放气螺栓上，然后将制动液回收壶的透明胶管接到制动分泵的放气螺栓上
制动分泵排气	车内人员踩下制动踏板，反复几次踩住不动，车外人员使用梅花扳手松开放气螺栓，将制动液排放到回收壶中，然后锁紧螺栓

续表

操作项目	工作内容
制动分泵排气	将车辆降下，加注制动液。在执行制动分泵排气时，始终保持液面在回收壶上限位置，避免空气二次进入制动系统
	重复上述步骤，直至有新的制动液流出，并且无气泡产生。取下放气螺栓上的胶管及扳手，装上防尘帽
	按照上述步骤，依次完成左后、右前、左前的车轮换制动液及排气工作
	换制动液的顺序是以各制动分泵距离制动总泵的远近作为参考

二、任务准备

在下列图片中勾选出完成本任务所需的物品。

 工具套件	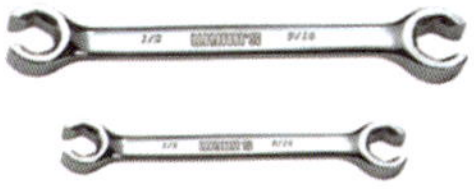 输液管扳手	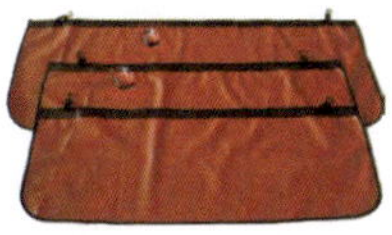 三件套	 配件车	 制动液更换机

 砂纸	 抹布	 制动液回收壶	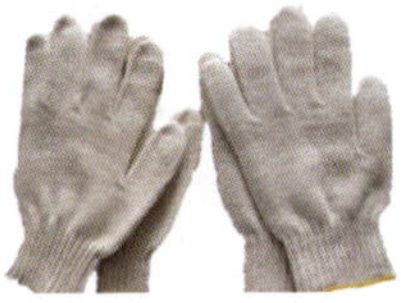 手套

 举升机	 实训整车	 维修手册

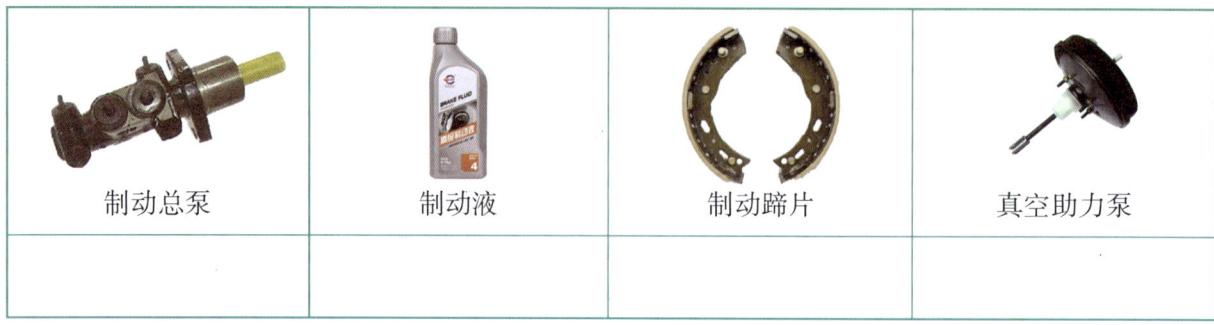

制动总泵	制动液	制动蹄片	真空助力泵

三、防护措施

（1）进入车间应穿工鞋、戴工帽；工作服应整洁，无破损；操作时不可佩戴手表等金属饰品，以防划伤车辆表面，工作时应佩戴手套。

（2）举升车辆时，举升机下严禁站人。

（3）制动液具有腐蚀性，要做好安全防护，皮肤、车漆表面以及轮胎表面等部位避免粘上制动液。

（4）车辆停稳，变速器置于空挡位置，拉紧驻车制动器。

观察下列车间操作图片，勾选出操作正确的图片。

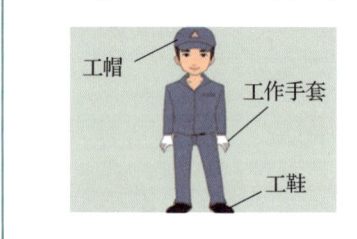
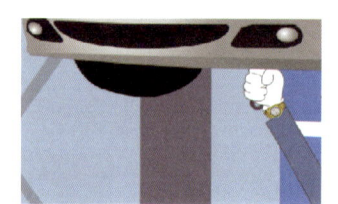
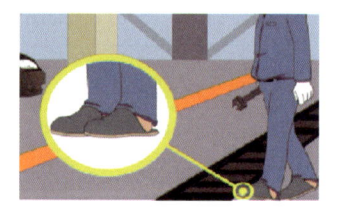

四、任务分配（表15-2）

表 15-2　　　　　　　　任务分配表

职务	代码	姓名	工作内容
组长	A		监督、管理组员工作
组员	B		准备实训所需车辆及零配件
	C		
	D		准备实训所需工具及维修手册
	E		

五、任务实施

（一）操作流程

补充表 15-3 并按工作步骤完成任务。

表 15-3　　　　　　　　　　　操作流程

工作步骤	项目	顺序	工作内容
1	准备工作	1	检查举升机的工作状况是否正常
		2	铺设三件套
		3	将车辆停放在举升机的举升位置
		4	准备需要更换的零部件
2	拆装制动器	1	排放制动液，拆卸制动总泵
		2	安装新的制动总泵
		3	安装制动管路
			路试检验维修结果
			添加制动液
			制动系统排气
3	整理	1	整理工具，打扫现场卫生

（二）实施记录

结合任务实施过程，对照表 15-4 中的检查项目进行检查，并勾选实际检查结果。

表 15-4　　　　　　　　　　　实施记录

序号	检查项目	检查结果		备注
1	制动液的液位	正常 □	缺失 □	
2	制动液质量	正常 □	变质 □	
3	制动管路	正常 □	漏油 □	
4	制动系统工作性能	正常 □	较差 □	

六、检 查

（一）自 检

结合本组任务操作过程，对任务执行过程中的操作规范性进行检查，检查操作过程中是否存在以下问题，在表15-5中勾选检查结果。分析讨论应如何避免，并总结规范的操作方法。

表15-5   自 检

检查项目	检查结果
制动液是否正常	是 □ 否 □
制动管路是否正常	是 □ 否 □
制动总泵更换步骤是否正确	是 □ 否 □
制动系统排气是否正确	是 □ 否 □
组员配合是否默契	是 □ 否 □
工作场地是否清洁，车辆是否复位	是 □ 否 □

（二）互 检

组与组相互之间进行任务操作过程及结果检查，在表15-6中勾选检查结果。

表15-6   互 检

检查项目	检查结果
制动液是否正常	是 □ 否 □
制动管路是否正常	是 □ 否 □
制动总泵更换步骤是否正确	是 □ 否 □
制动系统排气是否正确	是 □ 否 □
工作场地是否清洁，车辆是否复位	是 □ 否 □

七、课堂小结

微课动画

实操视频

驻车制动拉线更换与调整任务工单				
客户信息	姓名		电话	
车辆信息	车型	VIN		行驶里程
客户描述	转向系统工作不良 □　　制动系统工作不良 □　　行驶系统工作不良 □ 颠簸路面舒适性差 □　　底盘事故 □　　轮胎无气压 □ 行驶跑偏 □　　制动液异常 □　　制动力不足 □ 制动踏板沉重 □　　坡路溜车 □　　轮胎倾角不正常 □ 其他： ＿＿＿＿＿＿＿＿＿＿＿＿＿＿＿＿＿＿＿＿ ＿＿＿＿＿＿＿＿＿＿＿＿＿＿＿＿＿＿＿＿			

车辆外观检查		车辆内部检查	
凹凸 □		污渍 □	
划痕 □		破损 □	
石击 □		色斑 □	
油漆 □		变形 □	

明确具体 工作任务	＿＿＿＿＿＿＿＿＿＿＿＿＿＿＿＿＿＿＿＿＿＿＿ ＿＿＿＿＿＿＿＿＿＿＿＿＿＿＿＿＿＿＿＿＿＿＿ ＿＿＿＿＿＿＿＿＿＿＿＿＿＿＿＿＿＿＿＿＿＿＿

任务目标

- 能够讲述驻车制动器的作用
- 能够正确拆装驻车制动拉线
- 能够解答客户关于驻车制动方面的疑问

任务内容

- 驻车制动器的作用
- 驻车制动拉线的工作原理
- 驻车制动拉线的更换
- 驻车制动拉线的调整

任务重点

- 正确使用工具进行驻车制动拉线的更换
- 驻车制动拉线的调整

任务难点

- 驻车制动拉线的拆装步骤
- 驻车制动拉线的调整方法

一、知识讲解

1. 驻车制动器的作用

驻车制动器是在车辆停稳后用于稳定车辆，避免车辆在斜坡路面停车时发生"溜车"的汽车部件。驻车制动器按照结构与位置不同可分为手制动式驻车制动器、脚制动式驻车制动器和电子驻车制动系统，如图16-1所示。

（a）手制动式驻车制动器　　（b）脚制动式驻车制动器　　（c）电子驻车制动系统

图 16-1　驻车制动器的分类

本任务车辆采用的是手制动式驻车制动器，手制动式驻车制动器由驻车制动手柄、驻车制动拉线和后轮制动器等组成，如图16-2所示。

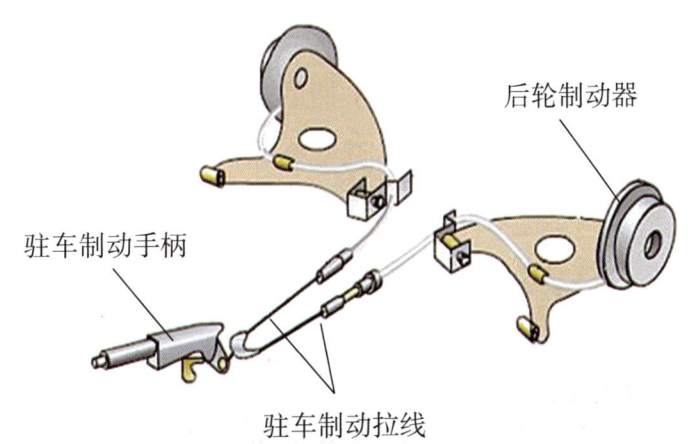

图 16-2 手制动式驻车制动器的组成

当发现车辆停稳且拉紧驻车制动器后，仍然向后或向前"溜车"，说明驻车制动器的制动效能降低，需要对其进行检查调整，一般驻车制动器最容易损坏的部件是驻车制动拉线。

2.驻车制动拉线的工作原理

当车辆停稳后驾驶员向后拉起驻车制动手柄，驻车制动手柄带动驻车制动拉线将作用力传递到后轮制动器，从而起到驻车制动作用。与此同时，驻车制动手柄会被锁止机构中的棘爪锁定在驻车制动位置。

当需要解除驻车制动时，需先按下驻车制动手柄上的按钮，稍微将驻车制动手柄向后拉起，以解除锁止机构的锁止作用力，再将驻车制动手柄向前移动到最前端位置。由于拉杆带动拉线伸长，在定位弹簧和拉簧的作用下，制动片与制动鼓之间的间隙得以恢复，从而使制动器的驻车制动作用解除。

经过长时间的使用，驻车制动拉线会出现不同程度的磨损、拉伸和锈蚀，导致驻车制动可靠性下降，给车辆带来一定的安全隐患。因此必须定期对其进行更换或调整，以确保驻车制动器的制动性能。

3.驻车制动拉线的更换

（1）拆卸。首先拆卸驻车制动手柄与驻车制动拉线连接处，然后拆卸后轮轮胎、后轮制动器，最后拆卸后轮制动器内与驻车制动拉线的连接处。

（2）安装。首先将后轮制动器与驻车制动拉线连接，然后安装后轮制动器、后轮轮胎，再连接驻车制动手柄与驻车制动拉线，最后调整驻车制动拉线并检查制动效果。

4.驻车制动拉线的调整

驻车制动拉线调整位置通常在驻车制动手柄后方。在调整时首先卸下驻车制动手柄护罩；然后用扳手调整对应车轮的驻车制动调整螺栓，调整时应边调整边检测，调整合适后将驻车制动手柄护罩恢复原位，如图16-3所示。

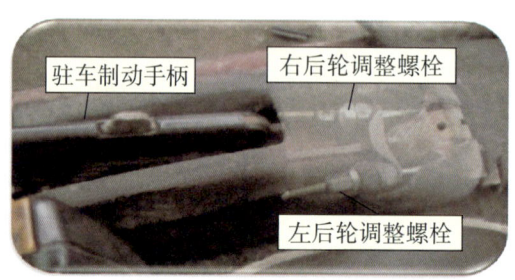

图 16-3　驻车制动拉线的调整

二、任务准备

在下列图片中勾选出完成本任务所需的物品。

 工具套件	 鲤鱼钳	 三件套	 配件车	 尖嘴钳
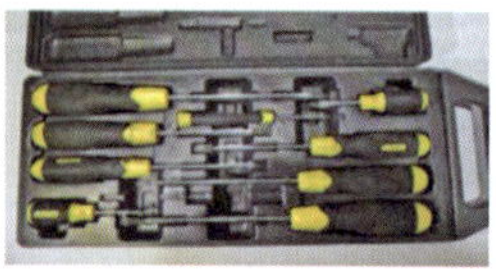 旋具	 抹布	 锤子	 手套	
 举升机	 实训整车	 维修手册		

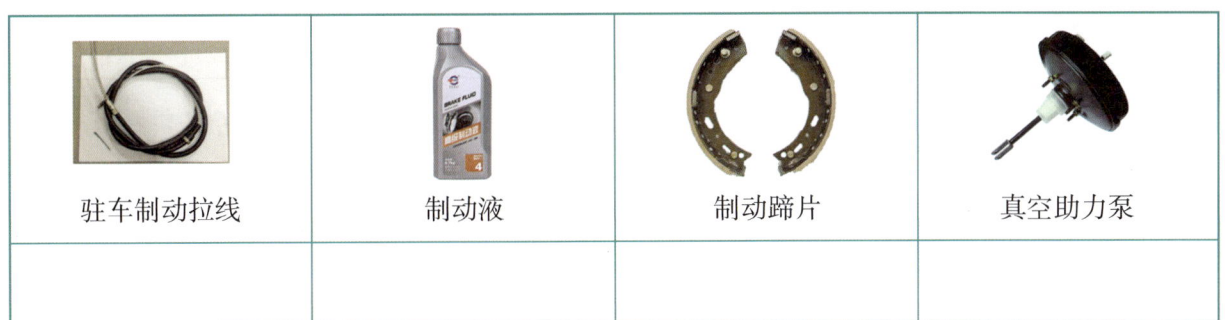

驻车制动拉线	制动液	制动蹄片	真空助力泵

三、防护措施

（1）进入车间应穿工鞋、戴工帽；工作服应整洁，无破损；操作时不可佩戴手表等金属首饰，以防划伤车辆表面，工作时应佩戴手套。

（2）举升车辆时，举升机下严禁站人。

（3）车辆停稳，变速器置于空挡位置，拉紧驻车制动器。

观察下列车间操作图片，勾选出操作正确的图片。

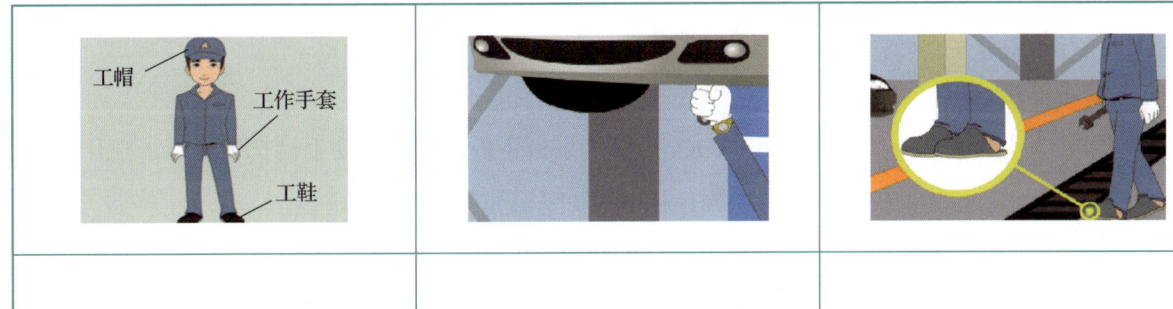

四、任务分配（表 16-1）

表 16-1   任务分配表

职务	代码	姓名	工作内容
组长	A		监督、管理组员工作
组员	B		准备实训所需车辆及零配件
	C		
	D		准备实训所需工具及维修手册
	E		

129

五、任务实施

（一）操作流程

补齐表16-2并按工作步骤完成任务。

表16-2　　　　　　　　　　　　操作流程

工作步骤	项目	顺序	工作内容
1	准备工作	1	检查举升机的工作状况是否正常
		2	铺设三件套
		3	将车辆停放在举升机的举升位置
		4	准备需要更换的零部件
2	拆装驻车制动拉线	1	使用一字旋具撬开换挡操纵杆下方饰板
		2	使用13 mm套管拆卸饰板固定螺栓，将中央饰板前侧两边卡子掀起，用力抬起后侧饰板，将饰板拆下
		3	用8 mm套管拆卸驻车制动手柄饰板固定螺栓，抬起饰板向前抽出，取下饰板
			拆卸鼓式制动器
			使用10 mm套管和呆扳手拆卸驻车制动手柄自锁螺栓，松开驻车制动手柄，使用10 mm套管拆卸调整螺栓
			使用一字旋具拆卸后桥上驻车制动拉线固定卡子，将驻车制动拉线从制动鼓和排气管上放拉线安装管中抽出，取下制动拉线
2	拆装驻车制动拉线		将驻车制动拉线插进排气管上方安装管及制动鼓安装孔中，安装后桥上驻车制动拉线固定卡子
		8	安装鼓式制动器，安装轮胎
		9	将驻车制动拉线与驻车制动手柄后端安装片连接，安装驻车制动拉线调整螺栓，并用10 mm套管进行预紧
3	调整驻车制动拉线	1	松开驻车制动器，并用力踩一次制动踏板，把驻车制动手柄拉过4个棘齿
			松开驻车制动器，检查两个车轮是否转动自如
			使用10 mm套管拧紧调整螺母，直到用手转不动两个车轮为止
			安装调整螺栓前端自锁螺母，使用10 mm套管和呆扳手紧固

续表

工作步骤	项目	顺序	工作内容
4	安装中央饰板	1	安装驻车制动手柄饰板，注意饰板后部缺口对准安装钉插入，使用 8 mm 套管紧固驻车制动手柄饰板固定螺栓，装入中央饰板，注意将饰板后部两个缺口对准安装钉插入
		2	使用 13 mm 套管安装中央饰板固定螺栓
		3	安装换挡操纵杆下方饰板
5	整理	1	取下三件套，整理工具及现场卫生

（二）实施记录

结合任务实施过程，对照表 16-3 中的检查项目进行检查，并勾选实际检查结果。

表 16-3　　　　　　　　　　实施记录

序号	检查项目	检查结果			备注
1	驻车制动器高度	正常 □	过高 □	过低 □	
2	驻车制动器拉线	正常 □	损坏 □		
3	后轮常规制动	正常 □	损坏 □		
4	驻车制动工作性能	正常 □	较差 □		

六、检 查

（一）自 检

结合本组任务操作过程，对任务执行过程中的操作规范性进行检查，检查操作过程中是否存在以下问题，在表 16-4 中勾选检查结果。分析讨论应如何避免，并总结规范的操作方法。

表 16-4　　　　　　　　　　自 检

检查项目	检查结果	
驻车制动拉线拆装步骤是否正确	是 □	否 □
驻车制动调整是否正确	是 □	否 □
驻车制动效果是否正常	是 □	否 □
组员配合是否默契	是 □	否 □
工作场地是否清洁，车辆是否复位	是 □	否 □

（二）互 检

组与组之间相互进行任务操作过程及结果检查，在表 16-5 中勾选检查结果。

表 16-5　　　　　　　　　　　　互　检

检查项目	检查结果	
驻车制动拉线拆装步骤是否正确	是 □	否 □
驻车制动调整是否正确	是 □	否 □
驻车制动效果是否正常	是 □	否 □
工作场地是否清洁，车辆是否复位	是 □	否 □

七、课堂小结

微课动画

实操视频